Geheime Geiselbefreiung – Die Entführungsindustrie

Die geheimen Tätigkeiten eines Rückholers und Bodyguards.

All jenen sei gedankt die mich bei meiner Arbeit dieses Buches tatkräftig unterstützt haben.

© Christian Fruth
Alle Rechte vorbehalten
Nachdruck, auch auszugsweise, verboten.
Kein Teil dieses Buches darf ohne schriftliche Genehmigung des
Autors in irgendeiner Form reproduziert oder vervielfältigt oder verbreitet werden.
Herstellung und Verlag: BoD - Books on Demand, Norderstedt
ISBN : 9783741290060

Inhaltsverzeichnis

Einleitung	6
Geiselbefreiung und Jene die davon profitieren	10
Entführung und Entführer	10
Wer braucht so eine Versicherung	11
Versicherungen	13
Die Versicherungspolice	16
Wer vertreibt eine Kidnapping-Police	18
Wer profitiert noch	18
Die Rückholer (Contraktor - Auftragnehmer)	20
Psychologen und psychologische Betreuung	22
Gefährliche Länder in denen Sie entführt werden könnten	23
Wer bin ich und warum mache ich es	25
Ausbildungen	25
Rekrutierung	28
Ankunft Brasilien	37
Das Team	41
Training mit dem Team	46
Job als Bodyguard	52
1. Auftrag Befreiung IT Personal	60
Planungsvorbereitung	60
Erster Abflug	68
Nach den Einsätzen	86
Psychologische Betreuung	89
Andere Aufträge - Kirche	91
Letzter Auftrag	92
Abflug	98
Nachtrag: Wer waren wir	167
Quellennachweis	168

Einleitung

Die geheimen Tätigkeiten eines Rückholers und Bodyguards.

Wer sind diese Männer, die nirgendwo wirklich in Erscheinung treten?
Auftraggeber, Behörden und Regierungen reden nicht über sie.
Ihre Aufgaben bleiben vor den Augen der Öffentlichkeit verborgen.
Sie kennen nur ein Ziel - ihren Job zu erledigen. Moral und Ethik sind nur noch Worte die aus ihrem Wortschatz verbannt wurden. Denn nur so lassen sich diese Jobs erledigen.
Ohne nachzudenken sind sie bereit sich selbst zu opfern, denn das eigene Leben hat keinen Wert, nur das Leben und Überleben der Zielperson zählt.

Anders als die Spezialeinsatzkommandos der Regierung oder des Militärs die für ähnliche Aufgaben ausgebildet und eingesetzt werden, unterstehen wir nur unserem Auftraggeber.
Wir gehören zum Krisenmanagement einer Versicherungsgesellschaft, sind aber trotzdem freiberuflich tätig und erhalten für jeden Auftrag unseren Sold.
Viele würden es einen modernen Söldner nennen, doch diese Betitelung hat einen leicht bitteren Beigeschmack für mich.
Söldnern sagt man nach, sie seien Männer ohne Ehre.
Es bleibt allerdings die Frage, wann hat man nun Ehre und wann nicht?
Dies sollte nicht eine Betitelung entscheiden, denn Begriffe wie Contractor oder Operator sind in der heutigen Zeit renommierter, doch wohl nicht so zutreffend wie Rückholer.

Und doch sind wir wohl nur bezahlte Arbeitnehmer um die sich der Arbeitgeber keine genauen Gedanken macht und auch nicht machen will.

Wie jeder andere Arbeitnehmer auch erledigen wir nur unseren Job. Doch bei unserem Job geht es um Leben und Tod. Ein Jeder von uns weiß, dass er entbehrlich ist und dass niemand kommen wird um ihm zu helfen wenn etwas schief geht. Man gehört keiner Regierung an und im Einsatz trägt keiner von uns eine Landeskennung.
Jedem ist klar, was dies bedeutet.

Trotz dieses Wissens, dass man auf sich selbst gestellt ist, glaubt man daran etwas Gutes zu tun und die Welt ein wenig zu verbessern.
Obwohl die eigenen Verluste kalkulierbar sind, hofft man natürlich das so wenig wie möglich passiert, denn der Zufall und vor allem Fehlinformationen lassen die Lebenserwartung eines jeden Einzelnen radikal sinken.

Einige Leute werden über all das was ich hier in diesem Buch geschrieben habe nicht gerade glücklich sein. Es ist eine beunruhigende Geschichte, die zeigt wie gewissenlos manche Unternehmen arbeiten und dass Menschenleben kaum etwas wert sind.

Das Sicherheitsinteresse steigt stetig und private Sicherheitsunternehmen werden nur dann zur Verantwortung herangezogen, wenn man sie bei illegalen Handlungen auf frischer Tat ertappt.
Bestes Beispiel ist hierfür die ehemalige Sicherheitsfirma Academy gegründet 1997 und betrieben bis 2007, dann Black Water USA bis 2009, Blackwater Worldwide bis 2011 und Xe Services LLC die seit 2014 Teil der Constellis Holdings ist. Geschützt durch die amerikanische Regierung konnte dieses Unternehmen äußerst fragwürdige Unternehmungen durchführen ohne dass die Mitglieder jemals wirklich zur Rechenschaft gezogen wurden.

Und wenn dann doch mal etwas nach außen sickert - und das kommt nur sehr selten vor – dann wird halt lieber vertuscht oder es werden die Tatsachen durch Fehlinformationen ins rechte Licht gerückt.

Selbst Regierungsorganisationen wie Geheimdienste müssen sich ab und an öffentlich oder vor einer gewählten Körperschaft rechtfertigen.
Private Geiselbefreiung erfordert hingegen nur drei Aspekte, nämlich Geld, Menschen und Geheimhaltung. Geld gibt es reichlich und Menschen, die bereit sind das nötige Risiko einzugehen sind leicht und schnell zu finden.
Doch die Geheimhaltung ist ein anderes Thema.
Die Unternehmungen erfordern von Natur aus eine beträchtliche Geheimhaltung, eine die meistens bei den Geheimdiensten endet. Sie sind es, die über alles Bescheid wissen und die jeweiligen Sicherheitsunternehmen unterstützen bzw. Unternehmungen, wenn sie einen Vorteil dadurch haben oder sogar später einfordern können.

Mein eigener Anteil an den Ausgängen dieser Evakuierungsmissionen ist nur klein. Auf Grund einiger guter und schlechter schicksalhafter Fügungen, einer immensen Portion Glück und wegen des großen Mutes meiner Teamkameraden bin ich heute in der Lage diese Story nieder zu schreiben.
Diejenigen die an solchen Missionen teilnahmen, werden von einigen als Helden betrachtet und von anderen als Söldner. Doch sogenannte Helden tun Dinge die kein anderer jemals wagen würde.
Nicht weil sie es tun wollen, nicht aus Eitelkeit oder Nächstenliebe sondern weil sie es tun müssen. Diese Tätigkeiten drängen sie auf gefährliche Wege und dunkle Pfade.

Ich war einer dieser Weggefährten und nur das zählt für mich.
Es ist eine Schwäche jedes Autors diese Geschichte aus der Ich-Perspektive zu schreiben, nur um zu sehr im Rampenlicht zu stehen.
Dies ist unfair, sowohl was die ganze Geschichte als auch was meine Teamkameraden betrifft. Meine Kameraden verdienen mehr Lob als ich selbst.
War ich es doch der von ihnen profitierte. Sie waren es, die mich auf Grund ihrer Ausbildungen und langjährigen Erfahrungen daran teilhaben ließen und mein Überleben sicherten.

Der vorrangige Inhalt dieses Buches soll keine Heldengeschichte erzählen, sondern aufzeigen das es überall nur um Profit geht und Menschenleben nichts wert sind.
Der Leser wird erfahren, woran ich mich erinnere, was ich erlebte und was ich über meine Erfahrungen denke.
Es ist eine Geschichte des Zusammenhaltes und des bitteren Kampfes ums nackte Überleben. Bewusst habe ich mich dafür entschieden, sachlich und nüchtern die Ereignisse zu schildern, wie sie zu jener Zeit stattgefunden haben und doch quälen mich bis heute Alpträume. Starke Emotionen wie Hass, Schuld, aber auch das Wissen etwas Gutes getan zu haben, haben sich tief in mein Unterbewusstsein eingeprägt und begleiten mich in jedem Augenblick.
Was vorbei ist, ist vorbei könnte man meinen und doch begleitet es uns bis an unser Lebensende.

Geiselbefreiung und jene die davon profitieren

Entführung und Entführer

Geiselnahmen und Entführungen sind so alt wie die Menschheit selbst.
Geiseln wurden traditionell als Bürgen genommen, um Kriegsschulden einzutreiben.
So hat zum Beispiel Kidnapping in Italien eine jahrhunderte lange Tradition. Entführung, Erpressung und Kidnapping sind mittlerweile ein lukratives Geschäft geworden und gehören zum normalen kriminellen Repertoire.
Die meisten Beteiligten, nicht jedoch die Geiseln selbst, verdienen daran. Entführer und Versicherungen erhoffen sich, trotz unterschiedlichster Motive einen finanziellen Gewinn. Gekoppelt an sie sind weitere Unternehmen, zum Beispiel jene welche sogenanntes Krisenmanagement betreiben und jene die in späterer Folge die Geiseln auf psychologischer Ebene gegen ein mögliches Trauma betreuen.
Die Entführungsindustrie ist somit eine riesige Geldmaschinerie mit enormen Umsätzen.
Viele Terrororganisationen, so auch der „Islamischer Staat", haben Entführungen und Erpressungen schon längst zu einer attraktiven Einnahmequelle für ihre Organisation gemacht.

Wer braucht so eine Versicherung

Unternehmen, sogenannte Global-Player versichern ihre Gebäude, ob nun Werkshallen, Werften und Pipelines gegen Feuer, Unfälle und Erpressung.
In weiterer Folge auch deren Mitarbeiter gegen Entführung. Sowohl Mitarbeiter im Ausland auf Geschäftsreise oder hoher Angestellter welcher in einem Krisengebiet wie zum Beispiel im Irak oder Afghanistan arbeitet als auch Mitarbeiter die mit vertraulichen und sensitiven Informationen oder Technologien arbeiten und nicht zu vergessen, die Familienangehörigen.
Jeder ist gefährdet.

Vorzugsweise sind es Personen von westlichen, US- oder japanischen Firmen.
Auch Personen von Hilfsorganisationen und Journalisten zählen zu den Auserwählten und natürlich auch die bekannten Personen, welche in der Presse tagtäglich zu finden sind.
Des Weiteren Politiker, Kirchenbedienstete und früher wohlhabende Urlauber.

Dank Taliban und Piratenangriffen wittern die Versicherer wachsende Nachfrage - das Segment gilt als profitabel.
Im Bereich der Seeschifffahrt hat Piraterie mittlerweile Hochkonjunktur. Vor der Küste von Somalia gibt es die meisten Angriffe - Schiffskaperungen und Geiselnahmen durch Piraten. So wurde im Jahr 2006 ein Segelboot mit einem deutschen Ehepaar vor Somalia gekapert. Mittlerweile gehört Deutschland zu den fünf Ländern mit dem höchsten Anteil an Geschäftsleuten im Ausland.

Nach Erkenntnissen der Nassau Versicherung und Result Group GmbH wurden im letzten Jahr mehr als 15.000 offizielle Entführungen rund um den Globus bekannt.

Doch die Dunkelziffer ist wesentlich höher, denn nur jede zehnte Entführung dringt überhaupt an die Öffentlichkeit. Die bekannten jährlichen Lösegeldzahlungen sollen sich auf schätzungsweise 500.000.000 US Dollar belaufen. Die Dunkelziffer liegt auch hier viel höher als angegeben. In Westeuropa wächst eine ständige Bedrohung heran.
Erpresser machen sich zunehmend das Internet zu Nutze und erpressen normale Bürger und Unternehmen.
Das Bundeskriminalamt (BKA) und das Bundesamt für Sicherheit in der Informationstechnik (BSI) warnen vor einer neuen Erpressungswelle im Internet: Mit einer Schadsoftware, die Computer infiziert und sperrt, werden Internetnutzer unter Druck gesetzt und zu Zahlungen aufgefordert.
Natürlich reagieren Versicherungen auf solche Ereignisse mit einer passenden Polizze. Und zwar in Form einer Haftpflicht- und Betriebsunterbrechungsversicherung, welche von der Gothaer Versicherungsbank in Zusammenarbeit mit der Secunet Security Networks AG angeboten wird.

Versicherungen

Nicht nur Entführer verdienen am Menschenraub. Auch Versicherer profitieren von der Angst vor Erpressung.
Dafür springen sie ein, wenn Lösegeld gefordert wird.
Einer der interessantesten Versicherungspolizzen ist die Auszahlung von Lösegeldern bei einer Entführung.
Solche Polizzen gibt es schon seit Jahrzehnten und sie werden von vielen großen Versicherungen angeboten.
Ob für reiche Einzelpersonen oder für Angestellte von großen Wirtschaftsunternehmen in gefährdeten Regionen.
Die Versicherungsgesellschaft ist es, die bei solch einer Polizze eigentlich das Geld verdient. Doch mit den Jahren wurden immer mehr Menschen entführt. In manchen Ländern ist es gar ein Volkssport geworden, Menschen zu entführen.
Gerade in Südamerika ist es gang und gäbe, nachdem einige sogenannte Freiheitsbewegungen wie zum Beispiel der leuchtende Pfad in Peru oder die FARC in Kolumbien nun keine Unterstützung mehr in ihrem Freiheitskampf bekommen.
Sie sind dazu übergegangen durch Entführungen ihre Porto Kasse auf zu frischen. Die Gefahr solcher Entführungen wird auch weiterhin zunehmen. Jährlich sind es viele Milliarden Dollar an Lösegeld die erpresst werden.
Und eigentlich sollten sich Regierungen nicht erpressen lassen, doch die Wahrheit sieht auch hier wieder anders aus. Aufgrund des rasanten Anstiegs von Entführungen entsteht in der Branche ein massiver Preissturz der Prämien.
Der Wettbewerb zwingt somit die Versicherungen mit ihren Prämien immer weiter herunterzugehen.
Die Versicherungen erkannten schnell welchen Wert Männer wie wir im Zeitalter von Entführungen besaßen, die an der Tagesordnung sind. Es ist anzunehmen, dass aktuelle Ereignisse womöglich die Preise weiter nach unten drücken.
Jeder will an einem Geschäft das boomt verdienen.

Laut Auskunft des Insurance Information Institut besitzen 60 % der 500 größten US-Unternehmen eine Versicherung für Lösegeldforderungen.
Die Vorsichtsmaßnahme ist nicht unbegründet.
Die Zahl von Entführungen steigt von Jahr zu Jahr.

Versicherungen würden keinen Schutz anbieten, wenn sie sich nicht satte Gewinne dadurch erhoffen. Es sind hohe Prämien die sie für den angebotenen Schutz kassieren. Versicherte müsse sich streng an Regeln halten. An erster Stelle steht Diskretion und Geheimhaltung. Immerhin wäre es ziemlich blöd herum zu erzählen, dass man eine Versicherung gegen Entführung und Erpressung hat.

Natürlich kommt es auch vor das die Verhandlungen mit den Geiselnehmern scheitern. Den Versicherungsnehmern ist wahrscheinlich nicht bewusst, dass die Versicherung nicht immer vorhat, die Lösegeldsumme zu bezahlen. Vorerst wird das Krisenmanagement beauftragt eine kosteneffiziente Lösung zu finden. In zusammen Arbeit mit einem Riskmanagement sowie mit Sicherheitsfirmen wird an einer Lösung gearbeitet.

Effizient bedeutet hierbei kostengünstig.
Folgende Aspekte werden analysiert und bewertet: Wer ist die entführte Person?
Wo ist sie entführt worden?
Wer hat sie entführt?
Wie lautet die Lösegeldforderung?
Gibt es noch weitere Forderungen?
Wie hoch sind die Kosten für eine mögliche Geiselbefreiung?
Enthalten sind hierbei folgende Posten: Die üblichen Schmier- und Bestechungsgelder um an detaillierte Informationen zu kommen.

Das Chartern von einem Flugzeug und Helikopter. Waffen und Ausrüstung für das Einsatzkommando. Und das Einsatzkommando selber. Wenn unterm Strich die Kosten bei Weitem, weit unter der Lösegeldsumme liegen, schickt man ein Einsatzkommando los.
Dieses soll nun die Geisel befreien und selbst nicht gefasst werden. Schafft das Einsatzkommando es nicht, die Geisel zu befreien, kann man immer noch das geforderte Lösegeld bezahlen und so tun als wüsste man von nichts.

Die Versicherungspolizze

Noch in den neunziger Jahren hielten in Deutschland das Bundesaufsichtsamt für das Versicherungswesen und die Bundesministerien Entführungspolizzen für ziemlich unmoralisch. („Begründet wurde diese Auffassung im Wesentlichen damit, dass durch derartige Produkte zum einen der Strafverfolgungsanspruch des Staates beeinträchtigt werde, da bei einer Einschaltung sogenannter Sicherungsunternehmen, welche die Verhandlungen bei Eintritt des versicherten Ereignisses in eigener Regie führen, die Aufklärungsarbeit der Kriminalpolizei erheblich erschwert werde. Zum anderen könnte der Anreiz zur Begehung solcher Straftaten erhöht und die Missachtung geltender Strafvorschriften provoziert werden. Schließlich bestehe die Gefahr, dass durch die Zulassung solcher Produkte auch Folgeerscheinungen, wie zum Beispiel Versicherungsbetrugsdelikte, gefördert würden." - Veröffentlichungen des Bundesaufsichtsamtes für das Versicherungswesen 7/1998, S. 139)
Man befürchtete, dass Erpressung und Kidnapping rasant ansteigen würde, wenn die entführten Opfer und Unternehmen vertraglich gesichert wären. Seit 1998 musste das Bundesaufsichtsamt für das Versicherungswesen ihre Sperre aufgrund des internationalen Drucks aufheben und gab den heimischen Versicherungen die Möglichkeit Entführungspolizzen anzubieten. Von nun an konnten Unternehmen und Privatpersonen sogenannte Kidnap-&-Ransom-Versicherungen erwerben.

Die amerikanischen und britischen Assekuranzen waren da nicht so zimperlich. Sie beherrschten lange Zeit das Versicherungssegment:
Versicherung gegen Entführung und Lösegelderpressung.

Die Versicherungen betonen zwar immer, dass die Lösegeldzahlung bei Entführungspolizzen gar nicht im Vordergrund stehe. Wichtiger seien vielmehr die Prävention und die Krisenberatung im Ernstfall.

Diese Versicherungspolizze beinhaltet und deckt die Unterschiedlichsten Leistungen ab.
Zum einen die Person, die entführt, erpresst o.ä. wird, ist versichert.
Die Deckungssumme und auch die Versicherungsgebühr werden ganz individuell an jeden einzelnen Kunden angepasst – je nach Gefährdungsstufe des potenziellen Opfers und dessen Vermögen.

Folgender Deckungsumfang ist möglich:
- Lösegelder, die gezahlt werden
- Jeglicher Verlust von Lösegeldern
- Kosten eines Unterhändlers
- Kosten eines Public-Relations-Beraters
- Rückreisekosten der Opfer
- Ärztliche Behandlungskosten des Opfers sowie Gutachten
- Ausgaben für kosmetische und plastische Operationen des Opfers
- Psychologische Betreuung des Opfers und Familie
- Schadenersatzansprüche einer versicherten Person, weil Fürsorgepflichten des Arbeitgebers verletzt wurden
- Kosten des Risk-Managements
- Weiterzahlung des Gehalts der entführten Person
- Erhöhte Sicherungs- und Bewachungskosten etc.
- Betriebsunterbrechungskosten
- Tod oder Invalidität
- Sachgegenstände sind ebenfalls versichert.

Stellen Sie sich beispielsweise die Androhung vor, eine Raffinerie in die Luft zu sprengen oder die Behauptung,
Lebensmittel seien vergiftet worden etc.
Es gibt wohl nichts was nicht mit versichert werden kann.

Wer vertreibt eine Kidnapping-Polizze:

Der Spezialversicherer Allianz Global Corporate & Speciality (AGCS), der zur Allianz-Gruppe
HDI Gerling
Marktführer Hiscox aus England , AIG oder Chubb USA
Kidnap & Ransom by Hiscox
Aon Crisis Management

Wer profitiert noch

Unternehmen wie Result Group GmbH, Olive Group, Aegis, Control Risks, SCR Special Contingency Risk, Henderson Hiscox oder Inkerman sind die Global Player in diesem Business.

Es ist ja nicht das Tagesgeschäft von Unternehmen und Familien von Entführungsopfern, einen Entführungsfall abzuwickeln. Hierfür gibt es mittlerweile Unternehmen die sich darauf spezialisiert haben und sogenanntes Krisenmanagement betreiben. Es sind meist rekrutierte Mitarbeiter von ehemaligen Behörden, Militär und Polizei etc., also Profis, die geschult sind, um mit Entführern richtig umzugehen.

Das Krisenmanagement ist Interessenvertreter der Angehörigen und steht nicht in Konkurrenz zu den Behörden. Es verhandelt mit den Entführern, organisiert Modalitäten wie die Lösegeldübergabe und Übergabe der Geisel etc.
Ein wichtiger Bestandteil ist, dass das Krisenmanagement unabhängig von den Behörden, aber nicht gegen die Behörden arbeitet.

Die Überlebenschancen einer entführten Person erhöhen sich dadurch ungemein.
Die Verhandlungen eines Krisenmanagements führen meist zu einer drastischen Senkung der zu anfangs erpressten Geldsumme. Hier kann es vorkommen, dass man sich auf nur noch 20 - 30 Prozent der Anfangssumme einigt.

Ein weiteres Betätigungsfeld des Krisenmanagements ist Prävention, also zu analysieren, wie die Gefährdungssituation ist und welches Risk-Management Konzept umgesetzt werden kann etc.
Wichtig ist, dass das Krisenmanagement weltweit tätig und über eine 24-Stunden-Notrufnummer erreichbar ist. Entführer sind nicht so charmant, dass sie auf die üblichen Bürozeiten und Zeitzonenunterschiede achten.

Die Rückholer (Contractor - Auftragnehmer)

Die Privatwirtschaft, sprich große Unternehmen geben immer mehr Geld für ihre eigene Sicherheit aus. Sie warten nicht mehr ab und vertrauen auch nicht mehr darauf, dass die benötigte Sicherheit von Polizei, Militär und Regierung kommt. Diese Unternehmen benötigen Hilfe, die über das hinausgeht, was sie von der Politik bekommen - Hilfe, die nicht durch irgendwelche bürokratischen oder politischen Vorgaben eingeschränkt wird.
Selbst die amerikanische Regierung, sprich das Militär wird von privaten Sicherheitsunternehmen in Krisengebieten unterstützt. Und hier kommen nun Leute wie wir ins Spiel.
Wir sind nicht neu, uns gab es schon immer, Söldner die man bezahlt um einen Job zu erledigen. Das was neu ist, man benötigt immer mehr von solchen Contractoren.
Nichts von dem, was wir wirklich tun, soll an die Öffentlichkeit dringen. Denn dann wäre es nicht mehr geheim und der Gegner wäre im Stande, Bilder über Absichten, Vorgehensweisen, Stärken und Schwächen anzufertigen. Auch würde dies die Versicherung in einem schlechten Licht dar stehen lassen. Wir arbeiten im Geheimen und der Auftraggeber ist immer ein Sicherheitsunternehmen. Natürlich nie die Versicherung selbst.

Diese Geheimhaltung hat einen Vorteil den wir uns zu Nutze machen. Das gezielte Ausschalten des Gegners gehört zu den Aufgaben und dient dazu die Geiseln zu befreien, das Leben der befreiten Geisel zu schützen, den Rückweg zu sichern und wenn möglich natürlich das eigene Leben zu verlängern.
Bei dieser Vorgehensweise ist uns natürlich klar, dass wir uns in einer Grauzone bewegen. Der Handlungsspielraum, der sich aus dem Notwehrgesetz ergibt, ist noch ziemlich groß.

Vielmehr ist es das Risiko, das ich (wir) bei einem Zwischenfall in dem jeweiligen Land erwischt werden und nach dessen Gesetz zur Verantwortung gezogen werden. Jedem ist das Risiko klar, dass wir vor dem Gesetz, für unsere Aktionen selbst verantwortlich sein würden. Ich war weder beim Militär, bei der Polizei oder bei einer Regierung. Wäre dies der Fall gewesen bräuchte ich mich dann nicht über mögliche Repressalien ärgern. Nein, es war ein Geschäft und ich wurde gut bezahlt. Mir war klar worauf ich mich eingelassen hatte und keiner hatte mir etwas anderes vorgegaukelt.

Psychologen und psychologische Betreuung

Entführungsopfer befinden sich in einer psychischen und physischen Extremsituation. Sie wissen nicht immer, ob die Entführer überhaupt auf Lösegeld aus sind oder ob die Entführung einen ideologischen Hintergrund hat. Auch wenn es den Entführern grundsätzlich um das Lösegeld geht, besteht immer die Gefahr, dass selbst wenn das Lösegeld bezahlt wurde, die Geisel getötet wird.
Zum Beispiel, wenn sie bei einem Rückzug des Entführers als Ballast wahrgenommen werden. Hinzu kommt die ständige Gefahr, gefoltert oder vergewaltigt zu werden.
Unversehrte Geiseln sind zwar wertvoller, aber wie ‚unversehrt' definiert wird, hängt immer stark von den Entführern ab. Entführungen haben immer vielfältige somatische, psychologische und soziale Folgen.
Zu den psychologischen Folgen zählen z.B. Angst, Depressionen und Psychosen. Zu den sozialen Folgen zählt z.B. die Zerstörung des Selbstbildnisses. Die Zeit nach der Befreiung ist für das Entführungsopfer und dessen Familie eine extreme Belastung. Die Normalität ist verschwunden, die Existenz des Opfers und seiner Familie ist bedroht. Diese psychologische Situation erfordert eine professionelle Nachbetreuung.

Gefährliche Länder in denen Sie entführt werden könnten

Es ist eine regelrechte Entführungsindustrie geworden, ob Geschäftsreisende, Unternehmen oder Urlauber, jeder ist gefährdet. In immer mehr Ländern nutzen Kriminelle Kidnapping als Einnahmequelle. Ob es nun für sie die einzige Einnahmemöglichkeit ist oder ob sie das Geld für politische Organisationen (Terrororganisationen) nutzen. Es kommt aber auch vor das politische Forderungen nur als Ablenkungsmanöver genutzt werden.

Als besonders sicherheitskritisch für Westeuropäer sind derzeit Länder wie:
1. Afghanistan
2. Somalia (Piraterie vor der Küste)
3. Irak
4. Nigeria
5. Pakistan
6. Jemen
7. Venezuela
8. Mexiko
9. Haiti
10. Kolumbien
11. Russland
12. Tschetschenien

Entführungen und Kidnapping sind in manchen Ländern die einzige Option, um zusätzlich Geld zu verdienen.
Die statistische Wahrscheinlichkeit in Europa entführt zu werden ist äußerst gering. Außer man zählt zu jener Risikogruppe die z.B. einen hohen Bekanntheitsgrad in der Politik haben oder wohlhabend sind.

Mit besonderer Brutalität fallen die Entführungsmethoden in Lateinamerika und den GUS-Staaten auf. So genannte Kurzentführungen, wo es nur um geringe Summen geht, erfreuen sich immer mehr an Beliebtheit. Den Angehörigen wird durch waghalsige Vorgehensweisen schnell klar gemacht, wie ernst die Situation ist, damit das Lösegeld zügig gezahlt wird.

Mexico zählt zurzeit zu den am gefährlichsten Ländern der Welt. Hier wird im Durchschnitt eine Person am Tag entführt. Organisierte Banden kundschaften das private Umfeld reicher Familien aus und warten auf die passende Gelegenheit um dann zuzuschlagen. Gerade in solchen Ländern trifft man häufig auf korrupte Polizisten, die ihr Gehalt aufbessern in dem sie mit den Entführern zusammen arbeiten.

Wer bin ich und warum mache ich es

Es war mein Wunsch als Bodyguard zu arbeiten. Wahrscheinlich, um einiges das in meinem Leben falsch gelaufen ist, wieder gut zu machen. Auch war es wohl die falsche Illusion ein Held zu sein, Frauen zu beschützen und zu retten. Actionreicher Heldenmut, in dem man sein eigenes Leben bereit ist zu opfern, um ein anderes zu retten und noch mehr blablabla. Doch die Realität sieht dann doch immer anders aus, als man sie sich vorstellt.

Ausbildungen

In diesem Kapitel möchte ich nur am Rande meine Ausbildungen erwähnen, die mich für den Einsatz in Südamerika vorbereiteten.

Übers Internet und so manche Informationen von Bekannten erfuhr ich, dass es nur ein Ziel für mich geben kann. Israel. Meine Entscheidung stand fest. Ich beschloss also mich Anfang 1997 in Israel zum Bodyguard ausbilden zu lassen. Dort gibt es die besten und härtesten Ausbildungsprogramme die man für Geld erhalten kann. Hier erlernt der Teilnehmer die für den Bodyguard notwendigen juristischen, kriminalistischen und psychologischen Kenntnisse sowie die fachlichen Prinzipien, Regeln und deren Methoden, die für die Bewachung von Personen sowie deren Schutz und deren Sicherheit und das Abwehren von Angriffen nötig sind.
Die Ausbildung ging über 6 Monate und bereicherte mein Wissen und Können ungemein.
Einer der Ausbildungsleiter, mit dem ich mich gut angefreundet hatte, riet mir hier in Israel eine Nahkampfausbildung zu machen. Dies lag sicher auch daran, dass er so gut Deutsch sprach.

Ich war Feuer und Flamme als er mir davon erzählte.
Das einzige Problem war allerdings, ich müsste diese Ausbildung auch selber finanzieren. Hell auf begeistert von diesem Gedanken wusste ich ganz genau das dies voll mein Ding ist. Ich fand schon bei der Personenschützerausbildung großen Gefallen daran mit Waffen zu hantieren und mich im Nahkampf mit anderen zu messen sowie das ganze Equipment welches man benutzen kann und darf. So war dann die Aussicht auf eine reine Nahkampfausbildung das non plus Ultra.

Ich war hoch motiviert, extrem aufgeregt und nervös, als ich die Ansprache des Ausbilders hörte.
„Trotz eurer speziellen Vorkenntnisse und persönlichen Fähigkeiten die ihr besitzt, bin ich dafür da, um euch an eure Grenzen zu bringen und weit darüber hinaus.
Zur Weiterentwicklung eurer Qualifikation liegt viel harte Arbeit vor euch. Es werden die längsten neun Monate sein und nicht alle werden es schaffen. Zu eurer Ausbildung werden Dinge gehören, an die ihr niemals zuvor gedacht habt".
Das war doch mal eine Ansprache und ich war mir wirklich noch nicht bewusst was dort auf mich zukommen sollte.

Die Nahkampf Ausbildung ging über 9 Monate. Zu Wasser, zu Land und in der Luft wurde ich in allen erdenklichen militärischen Maßnahmen unterrichtet. Sowohl in konventioneller als auch unkonventioneller Kriegsführung ausgebildet.
Der Nahkampfunterricht beinhaltete jede Art des Tötens, ob mit einer Waffe oder mit Alltagsgegenständen, über die bloßen Hände bis hin zu den Zähnen. Waffenkunde und Schießtraining, ob an beweglichen oder unbeweglichen Objekten, Antiterror Häuserkampf. Von einer Froschmann- und Fallschirmausbildung bis hin zum Überlebenstraining in der Wüste, in den Bergen oder in den Wäldern.

Nicht zu vergessen foltern und gefoltert werden, falls man in Gefangenschaft gerät. Beliebteste Methode ist das Wasser Boarding oder wie man mit CS Gas umgeht. Mir war klar, dass man mich hier richtig schleifen würde, aber ich war so euphorisch das mir das sogar gefiel.

Neun Monate später als ich die Nahkampf Ausbildung beendet hatte, flog ich nach Hongkong. Mein Weg führte mich in ein Kloster, in dem ich für weitere 6 Monate Dim Mak erlernen durfte. Ich hatte mir zwar in so manchen Kampfsportarten reichliche Erfahrungen aneignen können, aber diese Kampfkunst ist etwas ganz Besonderes.

Dim Mak heißt übersetzt tödliche Nervenpunkte.
Eine Kampftechnik bei der man unter anderem lernt mit einem Finger den Gegner zu töten, wie in dem Film Kill Bill von Quentin Tarantino. Absolut faszinierend und extrem schwer zu erlernen. In diesen 6 Monaten durfte ich einiges erlernen aber es war eher wie ein Schnupperkurs. In diesem Kloster trainierten andere mehrere Jahre, wenn nicht gar Jahrzehnte lang, um diese Technik zu beherrschen.

Rekrutierung

Ich hatte meine Ausbildung in Hongkong hinter mich gebracht und flog zurück nach Israel. Von Tel Aviv ging es dann nach Netanya. Dort hatte ich meine Personenschützerausbildung gemacht. Ich erhoffte mir dort einige Kontakte zu knüpfen, um eine passende Stelle als Bodyguard zu bekommen.
Es dauerte nicht lange, bis man mir die Telefonnummer und Adresse einer Sicherheitsfirma in Tel Aviv gab, welche sich darauf spezialisiert hatte Personenschützer zu vermitteln. Zurück also nach Tel Aviv und erst einmal ein Hotelzimmer nehmen. Sobald das erledigt war rief ich die Nummer der Sicherheitsfirma an. Die nette Dame am Telefon gab mir einen Termin.
Als ich zu dem Treffen in Tel Aviv, nähe Dizingottstreet in die Agentur kam, wurde ich sogleich in einen kleinen Raum gebracht. Der Raum war ziemlich spärlich ausgestattet. Außer einen Tisch mit zwei Stühlen gab es nichts. Es dauerte nicht lange und ein Mann betrat den Raum, in seiner Hand hielt er eine Akte. Er stellte sich mir als Herr Benjamin vor und setzte sich mir gegenüber an den Tisch, wo er dann anfing die Akte durchzublättern. Dann blickte er auf, sah mich an und sagte zu mir: „Aus dieser Akte geht hervor, dass sie nicht nur die Ausbildungen hier in Israel und Hongkong hinter sich haben, auch haben sie einen bewegten Lebenswandel hinter sich. Es Treffen einige Kriterien auf sie zu, die sie für uns interessant machen". Dann schaute er wieder in die Akte und ohne aufzublicken sagte er zu mir: „Wir werden aber zuvor noch einige Tests machen müssen, um zu sehen ob sie wirklich das Potenzial dazu haben". Er blickte auf einmal auf und sagte zu mir: „Wir rufen Sie morgen in ihrem Hotel an. Vorerst kann ich ihnen sagen dass sie an einem Auswahlverfahren teilnehmen, um festzustellen ob sie auch wirklich das Zeug dafür haben".

Er stand auf, reichte mir die Hand und ging hinaus.
Am nächsten Tag in der Früh bekam ich den erwarteten Anruf. Es wurde ein weiterer Termin für 12.00 Uhr mittags festgelegt und man teilte mir mit, ich möge in Trainingskleidung erscheinen.
Pünktlich zur verabredeten Stunde war ich wieder in der Agentur wie am Vortag. Herr Benjamin empfing mich und brachte mich mit den Worten „folgen sie mir" ein Stockwerk tiefer zu einer Tür. Dort angekommen drehte er sich zu mir herum und sagte: „Gehen sie dort rein, machen sie den Kerl nieder und wenn sie es geschafft haben, dann gehen sie in den zweiten Stock Zimmer 2. Sie und der andere haben die gleichen Chancen, aber wir benötigen nur einen von ihnen. Noch Fragen?"
Ich hatte eher das Gefühl als wenn es gar keine Frage sei, sondern die Aufforderung endlich einzutreten.
Also gut dachte ich mir, öffnete die Tür und trat in einen Trainingsraum ein. Ich hörte wie die Tür hinter mir geschlossen wurde. Meine Augen nahmen sofort alles in diesem Raum wahr. Allerdings war es nicht viel, eine Kamera in der Ecke die alles in diesem Raum aufzeichnete und meinen Gegner. Wenn ich wirklich diesen Job will muss ich ihn unbedingt ausschalten, dachte ich mir. Der Kerl war ca. 185cm groß, wog um die 90 Kilo und machte einen gut trainierten Eindruck.

Der Kampf begann, es war ein abtasten der Stärken und Schwächen des Gegners. Jeder schlug seine Finten und Schläge, suchte eine Lücke um hin durch zustoßen. Sekunde um Sekunde verging und im Laufe des Kampfes wurde meine Körpergröße von 161cm mein größter Verbündeter. Ich bewegte mich schnell und flink, setzte Techniken ein die nur jemand einsetzen kann, wenn er kleiner ist als der Gegner.

Wir umkreisten einander schweratmend und wieder suchte jeder von uns eine Lücke in der Deckung des anderen.
Es war ein lautloser Kampf nach einem uralten Ritual.
Es ging hier nicht um Leben oder Tod und genau das ist es was so einen Kampf erschwerte. Beide wussten wir, dass nur einer von uns diesen Zweikampf überstehen würde. I
ch fühlte meine Kraft langsam schwinden und mein Gegner fühlte dies. Hatte er eventuell mehr Kondition als ich, sollte das das Ausschlaggebende sein.
Es ist wichtiger dem Gegner geistig überlegen zu sein, als ihn nieder zu kämpfen. In dem Augenblick fiel mir ein Zitat eines meiner früheren Lehrer ein. „Du kannst nur siegen, wenn du bereit bist zu sterben", ich war bereit und entschied mich meinem Gegner die ihm gewünschte psychologische Information zugeben.
Ich ging einen Schritt zurück (mehr in die Defensive), gerade soweit, um einen bestimmten Abstand zu erhalten. Dann lies ich bewusst meine Deckung etwas sinken. Damit gab ich ihm das Gefühl das er nun den weiteren Verlauf des Kampfes für sich entscheiden kann. Jede Bewegung von mir sog er regelrecht als Information auf und er überlegte sich nun seinen nächsten Angriff. Doch wie beim Schach spielen sah ich diesen schon voraus. Wohlwissend das meine defensive Haltung und meine etwas gespielte physische Schwäche ihn nun endlich in meine Falle tappen lässt.
Der Abstand war nun so gewählt, dass ihm nur eine bestimmte Möglichkeit des Angriffs übrig blieb. Dann erfolgte sein Angriff. Mit einer Tritt-Schritt-Schlag Kombination wollte er die Distanz überwinden und mich vernichten. Sein rechter Fuß schnellte voran und eine Dublette rechts links folgte sofort. Mein linker Fuß ging mit einer Drehbewegung nach vorne und trat seinen rechten etwas beiseite und sein Körper drehte sich etwas nach rechts. Seine Dublette geriet dadurch aus der Linie und leicht an mir vorbei.

Gleichzeitig machte ich zur Unterstützung eine kreisförmige Bewegung mit dem rechten Arm und blockierte seinen rechten geraden Faustschlag. Meine linke Handfläche traf ihn aufs rechte Ohr und mein rechter Zeigefinger stach in seine Kehlkopfgrube. Die Schmerzen waren so enorm dass er sich nicht dagegen erwehren mochte. Nun konnte ich meine Hände in einander Falten und an seiner Halsschlagader anlegen. Mit einer ruckartigen Bewegung nach unten gegen die Halsschlagader brach er zusammen. Meine rechte Hand packte ihn am Kinn und zog ihn somit nach hinten, meine linke Hand drückte ich ihm hinten am Rücken, wo sein Schwerpunkt ist, entgegengesetzt meiner rechten, sodass er nun leicht zu Boden ging. Er ging vor mir zu Boden und jetzt war er für mich keine Bedrohung mehr. Ich verließ den Raum im Bewusstsein das ich nun in den zweiten Stock gehen kann.

Am Tisch saß ein Mann der seinen Blick erhob als ich eintrat. Er wies mir den leeren Platz ihm gegenüber zu und widmete sich wieder den vor ihm liegenden Akten sowie einigen Fotos von mir. Er studierte alles sehr aufmerksam durch und als er damit fertig war sagte er zu mir: „Wir fangen nun mit den Tests an, sind sie bereit"? In den nächsten vier Stunden wurde ich unterschiedlichen Tests unterzogen. Sowohl Intelligenztests als auch psychologische Tests sowie detaillierte Fragen über alles nur Erdenkliche kamen zum Einsatz. Ich füllte unzählige Formulare mit Fragen aus und war dann froh als alles zu Ende war. Dann verabschiedete man mich und reichte mir mit den folgenden Worten die Hand: „Wir melden uns bei Ihnen".
Ich fuhr ins Hotel zurück und legte mich nach dem Duschen ins Bett. Der Tag war irgendwie anstrengend und ich fragte mich was das alles soll.

Zwei Tage wartete ich wie auf Kohlen, bis dann um die Mittagszeit herum ein Anruf von der Rezeption weitergeleitet wurde.

Der Anrufer teilte mir mit, dass ich nach Bait Hahayal fahren soll und mich bei Herrn Samuel im zweiten Stock melden soll, man hätte einen Job für mich. Dann teilte er mir noch die genaue Adresse mit und legte auf. Ich war ziemlich aufgeregt, wollte ich doch den Job um jeden Preis.
Ein Taxi brachte mich nach Bait Hahayal und fuhr mich direkt zum Gebäude der Agentur. Ich betrat das Gebäude, es hatte vier Stockwerke. In der Eingangshalle gleich nach der Eingangstür saß hinter einem Tresen ein bewaffneter Wachmann und schaute nur kurz auf als ich das Gebäude betrat. An Hand eines Fotos welches vor ihm lag identifizierte er mich und nickte mir kurz zu. Rechts in der Eingangshalle waren eine kleine Sitzbank und links zwei Fahrstühle, in deren Mitte Namensschilder angebracht waren. Als der Fahrstuhl in der zweiten Etage anhielt stieg ich aus, sah mich kurz um und ging dann auf die Tür zu auf der ein Schild mit den Namen Samuel stand. Als ich vor der Tür stand wusste ich zwar nicht was mich hinter der Tür erwartet, doch fühlte ich, dass wenn ich nun durch diese Tür gehen werde, sich mein Leben mal wieder grundlegend verändern wird.

Kurz entschlossen klopfte ich an und ging sogleich hinein ohne auf eine Antwort zu warten. Als ich in den Raum trat, sah ich zwei Männer am Fenster stehen. Einer von ihnen hielt mehrere Dokumente in den Händen. Ich schloss die Tür und sah beide Personen fragend an. „Herr Samuel"? stellte ich die Frage in den Raum. „Ja das bin ich", antwortete der Mann mit den Dokumenten. Er hatte ein freundliches Gesicht und war so um die 30 Jahre alt. Sein äußeres Erscheinungsbild lies darauf vermuten, dass er ziemlich fit sei. „Setzen Sie sich bitte Herr Fruth" fuhr er fort und wies mir einen Stuhl vor seinem Schreibtisch zu. „Es freut mich das sie heute hier sind" mit diesen Worten reichte er mir die Hand zur Begrüßung. „Kommen wir gleich zum Wesentlichen.

Wie ich schon erwähnte ist mein Name Samuel. Ich bin der leitende Koordinator zwischen der israelischen Securitas und einer Versicherungsgesellschaft mit der wir zusammen arbeiten. Der Name der Versicherung tut hier nichts zur Sache. Dies ist Herr Blumberg von der besagten Versicherung und somit der Ansprechpartner. Er ist heute hier um sich selbst ein Bild von Ihnen zu machen".
Mein Blick wandte sich der zweiten Person zu. Er sah mir tief in die Augen. Eine gewaltige Ernsthaftigkeit war ihm geradezu ins Gesicht gemeißelt. Trotzdem umspielte ein freudloses Lächeln seine Mundwinkel. Mit den folgenden Worten reichte er mir die Hand zum Gruß: „Ihre Reputation ist sehr aufschlussreich. Ihre Vergangenheit ist sehr farbfältig, wenn ich es mal so ausdrücken darf. Ich glaube dass wir gut zusammen arbeiten werden." Dann richtete Herr Samuel wieder das Wort an mich, „für so manchen Kunden der Versicherungsgesellschaft, stellt unsere Firma die Personenschützer zur Verfügung. Unser Unternehmen ist weltweit tätig, doch überwiegend in Südamerika, speziell in Brasilien. Ihr Tätigkeitsfeld umfasst nicht nur den Schutz bestimmter Zielpersonen, auch werden Sie einer taktischen Eingreiftruppe angehören. Immer wieder kommt es vor, dass einige Kunden (Versicherungsnehmer) entführt werden. Natürlich steht die Versicherung dem Versicherungsnehmer in der Pflicht das geforderte Lösegeld für die Geisel an die Entführer zu bezahlen. Doch manchmal schlagen die Verhandlungen zwischen Krisenmanagement und Entführer fehl und da treten sie nun in Erscheinung.

Der Job der taktischen Eingreiftruppe besteht nicht nur darin die Geldübergabe gegen mögliche Eventualitäten abzusichern, sondern vor allem darin die entführten Personen mit allen erdenklichen Mitteln zurück zu holen.

Diese Operationen sind eher als illegal einzustufen, deshalb werden sie in dem Land Unerwünschte sein, wo sie die Geisel(n) befreien.
Polizei und Militär sind von korrupten Personen unterwandert, auch hier erhalten sie keine Hilfe. Da sie weder der Polizei noch dem Militär angehören, entspricht ihre Tätigkeit jener eines Contractors.
Da diese Bezeichnung aber nicht dem gerecht wird, was sie machen und die Öffentlichkeit diese Bezeichnung als negativ ansieht, hat unsere Firma eine andere Bezeichnung dafür. Die Bezeichnung der taktischen Eingreiftruppe lautet Rückholer. Der Job als Rückholer, falls sie sich darauf einlassen, ist gefährlich. Sie sind größtenteils immer auf sich selbst gestellt. Sie erhalten während des Einsatzes weder Hilfe von Seiten der örtlichen Regierung in dessen Land sie gerade operieren, noch von sonstigen Stellen.
Doch dafür werden sie gut entlohnt. Sie arbeiten in Brasilien offiziell als Personenschützer für die Securitas Brasil in São Paulo und erhalten von dieser Stelle ihren monatlichen Lohn. Die operativen Einsätze werden natürlich separat entlohnt. Die steuerlichen Abgaben sowie Krankenversicherung übernehmen sie selbst. Falls sie nun daran interessiert sind, lesen sie die Vertragsbedingungen durch. Zusätzlich eine Verschwiegenheitsklausel - nichts was sie bei diesen Einsätzen erleben darf an die Öffentlichkeit dringen.
Mit diesen Worten endete sein Vortrag und er legte vor mir einen Schreibstift hin. Ich las mir alles genau und langsam durch und unterschrieb. Herr Samuel nahm die Papiere an sich und packte sie in einen Ordner. Dann reichte mir ein jeder von beiden die Hand und Herr Samuel sagte zu mir: „Willkommen an Bord. Sie fliegen morgen Früh gleich nach São Paulo. Dort werden Sie Herrn Goldmann kennenlernen, der dort die Leitung hat. Alles weitere erfahren sie dann von ihm.

Nur noch eine Kleinigkeit. Da sie in Brasilien offiziell arbeiten werden und wir für sie leichter alle Genehmigungen erhalten, wenn sie dementsprechend geimpft sind, ist es nun zwingend notwendig, dass sie in den ersten Stock fahren und sie sich bei Dr. Melon melden. Diese wird ihnen dann alle nötigen Papiere diesbezüglich aushändigen und bescheinigen. Viel Glück. Oder gibt es noch Fragen?" „Nein" sagte ich kurz angebunden und ging aus dem Raum. Draußen vor der Tür erwartete mich ein Mann, reichte mir die Hand mit einem Briefumschlag und sagte: „Das ist für sie, ihr Flugticket für morgen". Dann verschwand er auch schon wieder. In mir kreisten die Gedanken, dass die genau wussten dass ich mitmachen würde. Ok, dann also in den ersten Stock. Der erste Stock sah genauso aus wie der zweite und so konnte ich sogleich den Raum ausmachen mit dem Namensschild Dr. Melon. Ich klopfte kurz an und hörte gleich danach eine Stimme sagen: „Treten Sie ein". Dr. Melon war ca. 60 Jahre alt. Er kam mir von seinem Schreibtisch entgegen und reichte mir mit den Worten die Hand: „Junge, es freut mich. Ich werde dich jetzt genau darüber informieren mit welchen Ansteckungsmöglichkeiten du es zu tun bekommen kannst. In Südamerika gibt es viele Krankheiten mit denen man sich anstecken kann. Für die Behörden in Brasilien brauchst du gewisse nachgewiesene Impfungen um dort offiziell arbeiten zu können. Hier sind die Papiere" und reichte mir den Impfpass. „Alles schon erledigt, oder willst du die Impfungen wirklich?" „Nein Danke", erwiderte ich. „Ok" sagte er, „dann zu den möglichen Risiken, wenn ich das mal scherzhaft ausdrücken darf". „Folgende Krankheiten könnten dir das Leben erschweren: das Dengue-Fieber zum Beispiel, gegen das es keine Impfung gibt, ist in weiten Teilen Südamerikas ein Thema. Des Weiteren kommen da noch vielleicht Cholera, Diphtherie, Gelbfieber, Hepatitis A, Hepatitis B, Malaria, Tetanus, Tollwut auf dich zu.

Aber mit etwas Glück passiert gar nichts. So nun weist du Bescheid". Da es nichts weiteres mehr zu besprechen gab, fuhr ich mit einem Taxi zurück ins Hotel.

Ich fand an diesem Abend keinen wirklichen Schlaf mehr, wälzte mich von einer Seite auf die andere. Die Aufregung hielt mich wach. Es war eine Mischung aus Vorfreude, Abenteuerlust und Neugierde. Nach 21 Monaten der Ausbildung sollte es nun endlich losgehen. Um 06.00 Uhr in der Früh klingelte endlich der Wecker in meiner Armbanduhr und ich ging duschen, kleidete mich an, packte meine Segeltuchtasche und ging runter zur Rezeption um aus zu checken. Ein Taxi brachte mich zum Flughafen Ben Gurion. Dort angekommen hatte ich noch etwas Zeit und bestellte mir einen doppelten Espresso. Heiß und stark, genau nach meinem Geschmack. In Gedanken versunken schlürfte ich das schwarze Gebräu hinunter, schaute auf mein Ticket und las das es die Swiss Air ist mit der ich nach Brasilien, São Paulo zum Flughafen Guarulhos fliegen werde. Der Flug geht über Zürich und dauert ca. 22 Stunden, davon reine Flugzeit ca. 19 Stunden. Nun war es endlich soweit, der Flug wurde aufgerufen und ich checkte ein.
Dies ist nun die Maschine, dachte ich so bei mir, welche mich von Tel Aviv auf den anderen Kontinent bringen soll, nach São Paulo.

Ankunft Brasilien

Der Flug verlief normal wie jeder andere und ich vertrieb mir die Zeit mit lesen und Musik, auch einige Stunden Schlaf konnte ich finden. Nach 22 Stunden war die Ankunft in Brasilien. Ich trat ins Freie auf die Gangway und lies die Bedeutung des Augenblicks auf mich wirken. Nun endlich ist es soweit, ich werde eine Arbeit ausführen die mir etwas bedeutet. Doch nichts desto trotz schlug mir nun die Hitze ins Gesicht, wie eine Ohrfeige. Ich hatte regelrecht das Gefühl gegen eine Wand aus Gelee zu prallen. Die Luft war so mit Feuchtigkeit gesättigt, dass es mir so vorkam, als werde ich zurückgestoßen und könnte keinen weiteren Schritt vorwärts machen. Mehr als mein Handgepäck hatte ich nicht dabei. Somit brauchte ich nicht zur Gepäckausgabe und ging sofort zum Check-Out.
Der Beamte am Schalter musterte mich mit einem strengen Blick und kontrollierte lange meinen Ausweis mit den ganzen Ein- und Ausreisestempeln verschiedener Länder. Dann die lang ersehnte und in allen Ländern gleiche Frage. „Der Grund ihres Aufenthalts"? Und meine gelangweilte Antwort wie immer, „ich bin auf Urlaub hier" und grinste von einem Ohr zum anderen. Ohne dass er eine Miene verzog bekam ich meinen Reisepass von ihm zurück. Dann die Gepäckskontrolle, auch hier ging alles reibungslos von statten. Hatte man mir doch im Vorfeld schon mitgeteilt, dass ich Vorort meine Ausrüstung bekommen würde. Fazit, ich bräuchte nur mit leichtem Gepäck reisen, meine Reisetasche war somit schnell kontrolliert.
Nach den Kontrollen öffneten sich zwei Glastüren vor mir. Kaum hatte ich den Terminal betreten ging ich keine 10 Meter weiter, als ich schon einen Blick auf mir spürte. Ich sah mich um und konnte einen Mann mittleren Alters der mich bewusst anschaute und durch das Winken mit der rechten Hand auf sich aufmerksam machte, ausmachen.

Zusätzlich hing ein Pappschild mit meinem Namen vor seiner Brust. Ich ging geradewegs auf ihn zu und konnte über der rechten Brust eine Stickerei entziffern, mit der Aufschrift Securitas SP. Er reichte mir sogleich seine Hand zum Gruß entgegen. In gebrochenem englischen Dialekt sprach er mich sogleich an: „Hello Mister Christian Fruth, ich bin Gómes von der Agentur und soll sie abholen und dann zur Agentur bringen. Man erwartet Sie dort schon".

Ohne ein weiteres Wort zu sagen, drehte er sich um und ging nach draußen wo ein schwarzer Pickup Mitsubishi Pajero neueren Baujahrs auf uns wartete. Das Firmenlogo der Securitas war rundherum am Fahrzeug zusehen. Als ich am Fahrzeug ankam, machte ich die hintere Tür auf, warf meine Reisetasche hinein und setze mich rein. Am Steuer saß ein Fahrer mit der gleichen Uniform und nickte mir freundlich zu, als ich Platz genommen hatte. Als wir losfuhren drehte sich der Beifahrer zu mir herum und sagte: „Wir fahren in die Zentrale dies dauert ca. 45 Minuten, dort erfahren Sie dann alles weitere". Damit drehte er sich wieder um und beide schwiegen für den Rest der Fahrt.

Nun konnte ich während der Fahrt den Flughafen überblicken. Ich hatte mich etwas informiert und wusste, dass São Paulo einer der wichtigsten Verkehrsknotenpunkte mit Flughäfen, Eisenbahnlinien und Autobahnen in Brasilien ist.

Die Stadt besitzt zwei große Flughäfen, den Aeroporto Internacional de São Paulo/ Guarulhos und den Aeroporto Internacional de Congonhas/São Paulo. Letzterer wird ausschließlich für Inlandsverkehr genutzt und auch die „Luftbrücke" Rio de Janeiro-São Paulo bedient, teilweise im 10-Minuten-Takt. Ebenfalls zum Einzugsgebiet von São Paulo zählt der rund 100 km nordwestlich gelegene internationale Flughafen Viracopos.

Der Flughafen Guarulhos ist der größte internationale Flughafen in Lateinamerika.

Es war schon etwas beeindruckend. Der Verkehr war stark und die Fahrt dauerte dann doch 55 Minuten. Währenddessen schaute ich mir die Metropole an und bekam einen leichten Vorgeschmack darauf wie groß diese Stadt wirklich ist.
Sie hat ca. 10 Millionen Einwohner und ist durch zahlreiche Einwanderer aus aller Welt multikulturell geprägt mit wesentlichen portugiesischen, italienischen, deutschen, libanesischen und japanischen Einflüssen. Die Zeit verging und wir kamen in einem nördlichen Vorort von São Paulo an.

Vor uns war ein modernes Wohnhaus mit mehreren Etagen. Rechts und links der Einfahrt zu einer Tiefgarage sah man einige Büros und den Haupteingang aus Glas. Gomes begleitete mich durch den verglasten Eingang in eine Empfangshalle. Links von uns war der Empfang. Hinter einem Empfangstresen standen zwei bewaffnete Sicherheitsleute der Securitas. Der Tresen war mit 6 Monitoren ausgestattet. Sie überprüften jeden Besucher der Einlass gewährte.
Als sie uns beim Eintritt erblickten begrüßten sie Gómes und mich mit einem Nicken. Dieser stellte mich ihnen sogleich vor.

Rechts neben dem Empfang war ein Fahrstuhl und daneben ging eine Treppe nach oben in die oberen Etagen oder ins Untergeschoss. Zwischen Fahrstuhl und Treppe sah man an der Wand verschiedene Namensschilder. Sie gaben Auskunft über die jeweiligen Personen und Abteilungen.
Gomes brachte mich in den dritten Stock, öffnete eine Tür und lies mich eintreten.
Als ich den Raum betrat, sahen alle Anwesenden zu mir hinüber. Anscheinend hatte man auf mich gewartet, ich war wohl der Letzte gewesen.

An der Wand zu meiner Rechten hing eine leuchtende Weltkarte, welche die gesamte Breite der Wand einnahm.

Vor der Wand mit der Karte stand ein ebenso von Wand zu Wand reichender Tisch mit leicht abgeschrägter Platte auf dem fünf Computermonitore zusehen waren. An diesem Tisch saßen drei Männer mit Drehstühlen.

In der Mitte des Raumes stand ein überdimensionaler Tisch, auf dem einige Akten und Dokumente lagen. Auf einem braunen Ebenholz-Sideboard an der linken Wand standen zwei große chromfarbene Serviertabletts, befüllt mit Gläsern, Tassen, Kaffee- und Teekaraffen sowie verschiedenen Getränken.

Alle Verantwortlichen und Teammitglieder waren anwesend und standen im Kreis herum um den Tisch in der Mitte des Raumes. Sofort kam eine Person auf mich zu und begrüßte mich mit einem Handschlag. „Mein Name ist Goldmann, schön dass sie nun hier sind Christian. Ich darf Sie doch beim Vornamen anreden, dies erleichtert die Kommunikation unter uns ungemein".

Das Team

Wir wurden einander alle vorgestellt.
Personenleiter des Krisenmanagements für Südamerika und Chef der Abteilung für Sondereinsätze sowie eine Kontaktperson zur Versicherung:
Sein Name war **Henry Goldmann**, ca. 45 Jahre alt. Ein korpulenter Riese, freundlicher und lustiger Typ, mit kantigem Gesicht und eisigen, stahlgrauen toten Augen. Doch sein freundliches äußerliches Gehabe täuschte nicht darüber hinweg, dass er selbstherrlich, egoistisch und rechthaberisch ist. Ein brillanter, skrupelloser Drahtzieher und Schweinehund, dem nichts wichtiger erscheint als den Auftrag zur Zufriedenheit der Agentur durchzuführen.

Ausbildungsleiter des Teams: David Gollin, ca. 50 Jahre alt, sehr hager und ein Gesicht wie ein Geier. Durch seine übergroße Hakennase erhielt er von uns den Spitznamen der Geier. Ich glaubte er wusste dass wir ihn so nannten. Er war ein ehemaliges Mitglied einer Anti-Terror-Einheit aus Israel und ein außerordentlich genauer Mann, der dem Zufall so wenig wie möglich überlies. Grob und rücksichtslos wenn es drauf an kam und doch respektierte er uns.

Rechtsanwalt der Securitas: Rodriguez Marson, ca. 55 Jahre alt, doch sah er sehr jung und dynamisch aus. Ansässiger Rechtsanwalt in São Paulo, welcher für alle relevanten rechtlichen Situationen für uns zuständig war. Im ständigen Kampf mit dem Papierdschungel, war er ein Dauergast bei den verschiedenen Behörden geworden, um mit List und Tücke und vor allem US-Dollars die erforderlichen Papiere wie Aufenthaltserlaubnis, Arbeitserlaubnis, Führerschein und Waffenschein hervor zu zaubern.

Leiter der ansässigen Securitas in São Paulo Enrice Gonzales, ca. 45 Jahre alt. Ehemaliger Polizist mit militärischer Ausbildung. Er war zuständig für den Aufgabenbereich bei der Securitas z.B. für die Koordination unserer Tarnjobs als Bodyguards. Ich hatte nur selten Kontakt zu ihm.

Psychologe der Firma Alex Mout, ca 50 Jahre alt. Einer der seltenen Psychologen die ihr Handwerk verstanden. Ziemlich intelligent und einfühlsam, war selbst beim Militär gewesen. Eigens für uns zuständig zwecks Gespräche nach den Einsätzen, um eventuellen Traumata vorzubeugen. Des Weiteren schulte er uns in psychologischer Kriegsführung. Eines seiner Lieblingsbücher war von Sunzi, die Kunst des Krieges. Noch heute hat dieses Werk nach wie vor großen Einfluss auf Analyse, Theorie und Praxis der Strategie.

Mister X. Man glaubt es kaum, er wurde uns tatsächlich mit diesem Namen vorgestellt. Der Mann hatte etwas Gefährliches an sich. Er bewegte sich stets wie ein Raubtier, so als würde er jederzeit angreifen. Um die 40 Jahre alt und nie ein Lächeln auf den Lippen. Er nannte nie seinen Namen. Auch wenn man später fragte, wer denn der Typ sei, so bekam man immer dieselbe Antwort. Das geht dich nichts an, mach einfach nur deinen Job.
Er war bei jeder Einsatzbesprechung anwesend, wechselte aber nie mit uns ein Wort. Er hörte immer angespannt zu und ging dann, wenn die Besprechung zu Ende war. Ich vermutete, wie auch meine Kollegen, dass er ein Geheimdienstler war (CIA, NSA oder sonstige) oder zumindest ein Kontaktmann von denen. Wie sonst konnten Goldmann und der Geier, so schnell und so detaillierte Informationen über die Entführer sowie deren Aufenthaltsort bekommen.

Das taktische Analyse Team bestand aus drei Männern. Müller, Ford und McNeal. Müller und Ford beide um die 35 Jahre alt, sahen aus wie die typischen Computerfreaks, waren wirklich lustige Typen immer für einen Witz zu haben. Doch bei den Vorbereitungen waren sie perfekt. Sie begriffen das Wesen des strategischen Denkens. McNeal im selben Alter, aber mit dem kleinen Unterschied, dass er noch für unsere Waffen und Ausrüstung zuständig war.

Miguel, Brasilianer und im Nahkampf ausgebildet, 31 Jahre alt und um die 180cm groß. Breite Schultern, schwarzes Haar das von einem Stirnband gebändigt wurde. Es verlieh ihm das Aussehen eines Straßenräubers. Die Haut wurde von hohen langen Wangen Knochen ein wenig gespannt. Bartstoppeln bedeckten die Wangen und das spitz zulaufende Kinn. Die markantesten Punkte in seinem Gesicht waren jedoch sein Lächeln das nie wirklich fröhlich und glücklich lächelte und seine Augen, grau wie ein Stein, ruhig und mit viel Traurigkeit gepaart. Mit der Zeit bekamen wir, die mit ihm arbeiteten mit, dass er Todessehnsucht hatte. Wir hatten nie erfahren warum. Wenn wir ihn darauf ansprachen, schaute er einen nur an und wechselte das Thema.

Igor, gebürtiger Russe und ein hervorragender Scharfschütze, 29 Jahre und um die 195cm groß. Blonder Bürstenhaarschnitt und eine gefährlich wirkende Bescheidenheit. Sehr muskulöser Oberkörper, unter dessen Anzug, bei jeder Bewegung Muskelpakete spielten. Kalte blaue Augen, sowie eine wulstige übergroße Nase die vermutlich schon öfter gebrochen war. Mit seinen riesigen Pranken streichelte er immer liebevoll sein Scharfschützengewehr. Er war ein Kerl wie ein Bär und doch ein liebenswürdiger Mensch.

Mike kam aus den USA und war im Nahkampf ausgebildet. Wenn auch schon Ende 40 war er doch von athletischer Statur mit 1 Meter 85. Auf eine gewisse Art und Weise gut aussehend mit grauen kurzen Haaren und extrem grünen Augen. Er liebte wohl den Nahkampf und ging keiner Konfrontation aus dem Weg. Er stand einfach darauf sich immer wieder mit anderen messen zu wollen. Doch fing er nie den Streit an. War mit einer überaus charismatischen Persönlichkeit gesegnet und hatte immer einen Witz parat.

Mathis, in Belgien geboren und ausgebildet im Nahkampf. Er war unser Teamleader. Seit drei Jahren ist er in Brasilien. 36 Jahre alt, ziemlich groß ca. 190cm und sehr schlank mit dunkelblonden Haaren. Die halb langen Haare fielen manchmal über seine graublauen Augen. Immer sehr konzentriert, man sah ihm selten mit einem Lächeln im Gesicht.

Aiman, kam über die Sicherheitsfirma aus Israel und war Scharfschütze. 34 Jahre alt, ca. 185cm groß mit dunklem Haar. Trotz seiner breiten Schultern hatte er extrem schmale Hüften. Er war immer unrasiert mit kurzen Bartstoppeln, sah aber auf seine schmuddelige Art nicht übel aus. Aggressivität und Brutalität hatten tiefe Furchen in seinem Gesicht gegraben.

Tom, ebenfalls aus den USA, ein sehr guter Scharfschütze und ein hervorragender Späher sowie guter Kartograf. 35 Jahre alt und 175cm groß. Sein Gesicht war dunkelbraun von der Sonne gezeichnet und die Haut sah aus als wäre sie ein Lederlappen. Extrem dünn und hager, aber gut durchtrainiert. Seine Augen waren eiskalt und sahen einen immer an als überlege er sich gerade, wie er einen umbringen kann, sobald man eine falsche Bewegung macht.

Alle sechs hatten nicht nur eine militärische Ausbildung, sondern auch noch entsprechende berufliche Erfahrungen. Soweit mir bekannt ist, werden Rückholer aus den Reihen des Militärs oder einer entsprechenden Ausbildung rekrutiert. Ich selbst hatte keine militärischen Erfahrungen. Nur meine militärische Ausbildung in Israel, Hong Kong und meinen Kampfsport vorzuweisen.

Nachdem wir uns gegenseitig vorgestellt waren, übernahm Goldmann das Gespräch. „Meine Herren, es freut mich das ihr alle hier anwesend seid. Falls jemand etwas zu trinken möchte, bitte bedient euch" und zeigte mit der Hand zum Sideboard an der Wand mit den Getränken. Goldmann lies den Anwesenden Zeit sich etwas zu trinken zu nehmen. Dann fuhr er fort mit seiner Ansprache und sah uns sieben an. „Männer, ich bin erfreut darüber, dass ihr hier seid und wünsche eine gute Zusammenarbeit. Ab sofort unterliegt eure Tätigkeit strikter Geheimhaltung. Ihr habt euch alle schriftlich zur Verschwiegenheit verpflichtet. Über eure Tätigkeit dürft ihr mit niemandem außerhalb dieses Büros sprechen -weder mit Freunden noch mit eurer Familie. Ihr habt euch für diese operativen Einsätze freiwillig gemeldet."

Training mit dem Team

Die Agentur hatte ein sehr großes Trainingsgelände, dieses war außerhalb von São Paulo in einem Waldstück.
Die hohen Bäume und Sträucher schirmten das Gelände vor allzu neugierigen Blicken ab. Es bestand aus mehreren unterschiedlichen Gebäuden und einigen Straßen.
Einige Gebäude wurden eigens für diesen Zweck der Geiselbefreiung errichtet. Andere waren schon vorhanden und wurden dann zweckentfremdet. Offiziell galt das Areal als Trainingsgelände eines Paintballclubs. Das Gelände wurde von einem hohen Zaun mit vielen Sicherheitskameras umzäunt und an der Einfahrt, von einem Sicherheitsmann der eigenen Sicherheitsfirma bewacht. Um dieser Tarnung gerecht zu werden, wurden dort immer wieder Wettkämpfe für Clubmitglieder abgehalten.

Wir durchliefen ein extensives zweimonatiges Trainingsprogramm wo Waffenkunde, Fahrtraining, Navigation, Präzisionsschießen, Erste Hilfe und andere taktische Fähigkeiten unterrichtet wurden.
Das Areal war hervorragend ausgestattet um die verschiedensten Szenarien einer Geiselbefreiung zu üben. Es war schlicht weg ideal für Schieß- und Nahkampftraining.

Die ersten vier Wochen trainierten wir unentwegt, um uns aufeinander abzustimmen und besser kennen zu lernen.
Das Training war so konzipiert, dass wir als erstes die Grundfertigkeiten und Teilaufgaben beigebracht bekamen und danach diese neu gewonnenen Fähigkeiten zu vollen Evaluierungsmissionen zusammensetzten. Wir benutzten die unterschiedlichsten Waffen, um sie bewusst auszuprobieren und um herauszufinden, wie sie sich in einer Kampfsituation bewährten.

Zwischen 12 - 14 Stunden am Tag. Doch vor allem in der Nacht, trainierten wir das lautlose erstürmen von Gebäuden und die Befreiung von Geiseln. Immer und immer wieder wurden die Szenarien verändert. Wir trainierten alles, was für eine Geiselbefreiung vorgesehen war oder sein könnte. Darüber hinaus mussten wir zusätzlich für spezifische Missionen wie Aufklärungs-, Kampf-, Luftlande- und Bootseinsätze trainieren. Mathis unser Teamleader war dabei die treibende Kraft. Immer wieder sagte er zu uns: „Wisst ihr, es werden nicht die großen Dinge sein, die einen töten werden, sondern die kleinen Fehler die wir machen können uns den Kopf kosten". Erstürmten wir nicht gerade ein Gebäude, trainierten wir den Nahkampf. Das Training machte bis zu einem gewissen Grad sogar Spaß, vielleicht gerade deshalb weil es oft über die Schmerzgrenze und das Gewohnte hinausging.

Durch die besondere Ausbildung wurden wir gezielt für den Einsatz der Geiselbefreiung geschult. In den gut ausgebildeten Einsatzteams gibt es nicht wie üblich für jede Gefahrensituation einen Experten. Nein, da wir zum Beispiel nicht die technische Unterstützung erhielten wie die Spezialkommandos einer Regierung, mussten wir weitestgehend in allen erdenklichen Waffenhandhabungen und möglichen Situationen ausgebildet sein.

Ob im Nahkampf, Sturmangriff oder Sabotage.
Als Scharfschütze, welcher einen Menschen auf einige hundert Meter töten kann oder im medizinischen Bereich als Sanitäter fungieren kann. Wir müssen einfach alles können, denn falls einer ausfällt, muss ein anderer seinen Platz einnehmen, nur so kann die Mission erfolgreich durchgeführt werden. Ein jeder verlässt sich blind links auf den anderen.

Bei den gefährlichen Einsätzen nutzen wir Präzisionswaffen, Sprengstoff und modernste Technik, aber auch alt bewährtes wie Armbrüste und Kommando Schwerter. Der Geier trieb uns immer weiter voran und ließ uns nicht wirklich zu Atem kommen. „Das worauf ihr euch eingelassen habt ist gefährlich. Jede nur kleinste Schwäche die ihr zeigt, jeden Fehler den ihr macht, kostet einen von euch das Leben oder das der Geisel". Dann machte er eine kleine Pause und sprach weiter. „In solchen Situationen gilt es zu töten um nicht selbst getötet zu werden".
Es wurde immer wieder geprobt wie man mit Geiselnehmern in einem Gebäude fertig wird. Ob mit einer Faustfeuerwaffe, mit dem Messer oder den bloßen Händen. Das Motto war einfach: töte um nicht getötet zu werden.

Mittlerweile waren wir nun schon elf Wochen im Training und es entstand eine gewisse Freundschaft zwischen uns.
Ab und an hatten wir sogar etwas Spaß mit dem Geier. Zusätzlich zum internen Training besuchten wir verschiedene private Ausbildungs- und Schulungsanlagen, wo in mehrtägigen Kursen Nahkampf, Defensivtaktik, Waffenhandhabung, Präzisionsschießen, Close Quarters Battle (Häuserkampf und taktische Innensicherung von Gebäuden) und Geiselbefreiung geübt wurde. Der Häuserkampf war eines der wichtigen Bestandteile unseres Trainings.
Wie hält man seine Waffe, wenn man einen unübersichtlichen Raum betritt, damit der Gegner einem seine Waffe nicht entreißen kann. Wohin und wie bewegt man sich allein oder im Team, sobald man den Raum betritt, damit man nicht getroffen wird oder den Gegner schnellst möglich ausschalten kann.
Egal wie viele Räume wir unter Kontrolle bekamen, so konnten wir nicht davon ausgehen, dass im restlichen Gebäude kein Angreifer auf uns lauern würde.

Je mehr Räume wir sicherten, desto leichtfertiger gingen wir im Unterbewusstsein damit um, dass der nächste Raum leer sein müsste. Doch dies führte unter Umständen zu einer trügerischen Sicherheit. Wir wussten nie welche Überraschung auf uns wartete.

Jeder Raum musste mit der gleichen Sorgfalt gesichert werden und selbst dann noch hatte der Geier eine Überraschung für uns auf Lager. Zum Beispiel hing mal ein Angreifer direkt über dem Türstock an der Decke und knallte den ersten ab der den Raum betrat. Was lernten wir daraus? Einfach auf alles vorbereitet zu sein, auf jede Kleinigkeit zu achten und mag sie noch so gering sein.
All das übten wir so lange, bis wir es im Schlaf beherrschten. Wir trainierten stundenlanges Schießen mit festen Zielen, aber auch an Schießgalerien, wo plötzlich Pappfiguren auftauchten, wenn wir vorbeiliefen. Oder sie tauchten unerwartet in dem Gebäude auf das wir gerade erstürmten oder auch sichern mussten.
Er nahm uns zunehmend härter ran und forderte uns alles ab. Seine Vorgehensweise war unbarmherzig und doch gab er einem das Gefühl das er uns leiden konnte. Gerade wenn er Sätze wie diese sagte wurde es einem bewusst dass er nur unser Bestes wollte. „Ich will niemanden bei diesen Missionen verlieren, habt ihr verstanden".

Was mir einfach nicht lag war das Schießen mit einem Scharfschützengewehr. Bis einige hundert Meter ging es, aber dann war es vorbei. Ich konnte keinen guten Treffer auf 500 Meter hin kriegen. Schon bei der Nahkampfausbildung hat sich herauskristallisiert, dass dies immer ein Problem für mich sein würde. Für mich ist das eher eine besondere Kunst und Gabe die ich nicht habe. Und somit lass ich es auch lieber auf eine größere Distanz sein und überlasse es anderen, die besser darin sind als ich.

Auf kurze Distanz konnte ich mit einer Pistole oder einem Gewehr aus der Hüfte heraus schießen und treffen, aber die lange Distanz war nichts für mich.
Tom allerdings war ein Typ der dies mit einer Leichtigkeit vollbrachte und beherrschte, dass einen der Neid hätte ins Gesicht fahren können. Er wägte die leichte Brise ab, falls es eine gab, rechnete unbewusst verschiedene Zielbereiche durch – selten benutzte er dafür noch konkrete Zahlen, die Berechnungen liefen so automatisch durch seinen Kopf wie drei plus drei gleich sechs ist.
Das Zielfernrohr des Gewehrs war so eingestellt dass es das Abfallen der Kugel auf ebenem Grund ausglich, also wusste Tom, ohne darüber nachzudenken, dass er ein wenig tiefer zielen musste, als er es sonst tun würde, um die voreingestellte Kompensation auszugleichen. Diese Taktik war eines der Dinge, die viele beim Scharfschützentraining nur schwer begreifen und deshalb kann nicht jeder mit so einem Gewehr umgehen.
Tom besaß einfach eine ausgeprägte analytische Beobachtungsgabe und ich glaube das kann man nicht einfach nur lernen. Bei unseren Missionen waren sehr weite Distanzen eigentlich nicht gefragt. Die drei waren meistens nicht weiter als 300 bis 500 Meter von uns entfernt. Sie waren unsere Versicherung. Gaben uns Rückendeckung und sicherten unseren Rückzug.

Die verschiedensten Szenarien der Geiselbefreiung wurden durchgespielt und auf Video aufgenommen. Anschließend analysiert und wieder in einem weiteren Szenario erneut geprobt.
Und wenn der Geier zu uns sprach hörte jeder aufmerksam zu. Er war wie immer mit uns unzufrieden. „Männer, solche Evakuierungsmissionen können zwar völlig unterschiedlich aussehen, aber die grundlegende Taktik ist stets die gleiche:

Überraschend schnell und erbarmungslos zuschlagen, bevor der Gegner überhaupt begreift, was mit ihm geschieht. Und bei euch sieht es aus als wenn das Altersheim Ausgang hätte". Wenn ich nicht gewusst hätte, dass der Geier es wohl liebte uns immer wieder nieder zu machen, wäre ich aus Frust wohl ziemlich depressiv geworden und hätte eine große Menge Antidepressiva benötigt.

Die unterschiedlichsten Anti-Terror-Taktiken wurden geprobt. Unentwegt übten wir das Abseilen von einem Hubschrauber per Fast Rope (eine schnelle Winde mit Stahlseil), oder das seitliche Gebäude laufen. Ich für meinen Teil fand das ziemlich cool und freute mich jedes Mal darauf. Mit schnellen Schritten an einem Seil gesichert das Gebäude nach unten dem Boden entgegen zu laufen. Nur Fallschirmspringen war schöner.
Der Geier kritisierte uns zunehmend und bläute jedem ein, wir sollen flexibel und anpassungsfähig sein und all unsere Fähigkeiten nutzen. Niemals vergessen, dass kein Detail unwichtig ist, egal wie unscheinbar es erscheinen mag. Ein nicht überprüftes Detail kann eine ganze Operation scheitern lassen. Der Geier ist wirklich ein außerordentlich genauer Mann, der dem Zufall so wenig wie möglich Spielraum überlässt.
Ich kam mir vor wie bei der Nahkampfausbildung in Israel. Überall das gleiche Schema. Die gleichen Drills und immer gibt es jemanden, der einem versucht in den Arsch zu treten. Die Abschlussphase des Trainings umfasste eine realistische Geiselnahme und eine Personenschutzübung mit örtlichen Statisten.
Unser Team wurde immer besser und wir konnten uns aufeinander verlassen, dies war wirklich ein gutes Gefühl.
Am letzten Trainingstag mit dem Team teilte mir David Gollin meinen neuen Aufgabenbereich zu. Offiziell waren wir alle bei einer Sicherheitsfirma. Jeder von uns arbeitete als Bodyguard bei den unterschiedlichsten Zielpersonen.

Job als Bodyguard

Ich erinnere mich noch genau an den Tag zurück als wäre es gestern gewesen, als ich meinen ersten richtigen Job als Bodyguard bekam. Nun ist es endlich soweit, ich bekomme meinen ersten Job. All mein Training und die vielen Monate meiner Ausbildungen, ebnen mir den Weg, den ich gewillt bin zu gehen. Die Agentur teilt mich einer Familie zu, einem Ehepaar mit zwei Kindern, welche noch einen weiteren Bodyguard benötigten.
Ankunft bei der neuen Arbeit. Vor der Agentur wartete bereits ein Taxi auf mich. Ich verstaute meine Sachen im Kofferraum, stieg ein und teilte dem Fahrer die Adresse mit. Ich hatte nun acht Wochen Training mit dem Team hinter mir. Es waren acht gute Wochen. Sie waren anstrengend aber auch lustig. Ich habe ein gutes Gefühl, wenn ich daran denke mit den Jungs den ersten Einsatz durchzuführen. Doch nun geht es erst einmal zu meiner zukünftigen alltäglichen Arbeit als Bodyguard.
Jede Menge Gedanken schwirrten durch meinen Kopf, Fragen auf die ich keine Antwort weiß. Werde ich diesen Job gut machen? Schaffe ich es im richtigen Moment richtig zu reagieren? Wieder einmal eine Herausforderung mit einem ungewissen Ausgang. Und genau bei diesem Gedanken fang ich an zu lächeln. Ich spüre und fühle dass mir solche Sachen gefallen. Das Leben hat einen Sinn. Ist dies meine Bestimmung?

Um mich nun etwas abzulenken, schaue ich aus dem Fenster des Taxis und versuche der Umgebung etwas Schönes abzugewinnen. Auf den Straßen herrscht ein reges Treiben. Viel Verkehr und Lärm, sowie Staus zeigen das rigorose Leben in dieser Stadt.

Der Taxifahrer fuhr weiter nach Norden, bis der Straßenverkehr schließlich immer weniger wurde und wir in einer besseren Gegend waren. Die Fahrt dauerte nun schon gute neunzig Minuten. Bald bog er in eine Nebenstraße ab.
Mir bot sich nun der Anblick einer wohlhabenden Wohngegend mit imposanten Villen, die auf sanften Hügeln zu stehen schienen. Viele der nun folgenden Grundstücke wurden mit hohen Mauern und Zäunen umrundet.
Immer wieder sah ich NATO Stacheldraht und Videokameras welche das Areal vor unliebsamen Eindringlingen schützen sollen. Manche Einfahrten waren elektronisch gesichert. Vor anderen Einfahrten wiederum standen schwer bewaffnete Wachposten in einem kleinen Häuschen und kontrollierten jeden herannahenden Besucher der das Grundstück betreten wollte.

Nach einigen weiteren Objekten war ich am Ziel angekommen. Vor einer elektronisch gesicherten Auffahrt hielt der Taxifahrer an. Ich musste mich ausweisen und konnte dann passieren. Das Gelände wurde von einer Mauer mit Zaunelementen umrundet. Überall waren Videokameras und Infrarotsensoren angebracht. Das Tor ging auf und das Taxi konnte über eine serpentinenförmig gewundene Auffahrt hinauf zum Haus fahren. Viele Bäume verbargen das Haus vor neugierigen Blicken von der Straße. Es war ein herrschaftliches Haus im typischen portugiesischen Style.
Als ich ausstieg wurde ich von zwei Männern, Peres und Steve, welche zuvor aus dem Haus gekommen waren, in Empfang genommen. Wir stellten uns einander vor und Peres kam auch gleich zur Sache.
Wir sollten zu Rodriguez kommen, er sei der Einsatzleiter.
Ich bezahlte das Taxi und folgte ihnen ins Gebäude.
Rodriguez war ein netter Typ und begrüßte mich sehr herzlich. Unser Gespräch begann entspannt.

Dann zeigte er mir mein Zimmer und machte anschließend einen Rundgang mit mir durchs Gebäude und übers Gelände. Währenddessen erklärte er mir meinen Aufgabenbereich. Ich wusste, dass ich in den nächsten Tagen wie ein Suchender durch alle Zimmer im Gebäude gehen und das Gelände durchforsten würde um mir jeden Winkel und jede Ecke die es gibt einzuprägen. Es gibt fünf Sicherheitskräfte, drei Bodyguards für die Familie und zwei Sicherheitsbeamte der Securitas die das Gebäude und das Gelände rund um die Uhr überwachen würden. Zum Personal im Haus zählten auch noch eine Köchin und eine Haushälterin.

Die drei Bodyguards sollten abwechselnd immer zu zweit den Hausherren überall hin begleiten und der Dritte sollte die Kinder und deren Ehefrau beschützen. Hierzu gehörte es die Kinder morgens in die Privatschule zu fahren und zu gegebener Zeit wieder abzuholen, sowie die Ehefrau bei ihren Einkäufen, zum Friseur und zum Nagelstudio zu begleiten. Meist eine fade Angelegenheit und genau aus dem Grund, dass der Schlendrian nicht überhandnimmt, gab es aus Sicherheitsgründen diesen regelmäßigen Personenwechsel. Im Laufe des Tages würde ich der Familie vorgestellt und am Abend dem Hausherren.
Ich hatte Glück denn sie kamen aus Deutschland, somit gab es für mich keine Verständigungsprobleme. Obwohl alle vier sehr nett und höflich waren, galt es professionelle Distanz zu wahren. Man durfte sich mit seiner Zielperson nicht emotional binden.

Die Tage vergingen und es geschah glücklicherweise nichts Aufregendes. Obwohl der tägliche Ablauf aus reiner Routinearbeit bestand, waren wir immer vorsichtig und angespannt. Es galt immer und überall unsere Zielperson(en) zu beschützen. Und dies war nicht immer einfach.

Die möglichen Entführer sind nicht nur kriminelle Kleingruppen sondern auch Organisationen die sich auf Entführungen spezialisiert haben.
Aber auch korrupte Polizisten die ihr Gehalt aufbessern wollten. Man konnte niemandem wirklich vertrauen. In einem Land wo Entführungen zur Tagesordnung gehören bleibt niemand wirklich lange verschont.

Und somit kam der Tag an dem ich mir mein Geld verdienen musste. Es war ein Tag wie jeder andere und unsere Sicherheitsvorkehrungen waren wie immer dieselben.
Nichts wies auf eine mögliche Entführung hin. Wir waren in einem etwas nobleren Viertel von São Paulo, als das Schicksal seinen Lauf nahm. Unsere Zielperson hatte eine Besprechung in einem Restaurant. Nahe des im Nobelviertel Pinheiros. Nach dem Essen machte ich mich als erster auf den Weg um das Restaurant zu verlassen und um mich davon zu überzeugen, dass außerhalb auf dem Weg zum Auto keine unmittelbare Gefahr vorhanden ist. Alles sah wie immer aus, nichts Außergewöhnliches fiel mir auf und doch war ich angespannt.
Ich war noch nicht allzu lange in diesem Job und somit wollte ich auch keine Fehler machen, die der Zielperson oder den Kollegen zum Verhängnis werden könnten. Es galt äußerste Aufmerksamkeit bei jedem Schritt und jeder Entscheidung die ich traf. Über mein Headset gab ich Rodriguez Bescheid, dass er nun mit der Zielperson nach draußen kommen kann. Mit der Restauranttür im Rücken wartete ich darauf dass die Zielperson mit Rodriguez heraus kam.
Einige Sekunden später trat Rodriguez gefolgt von der Zielperson heraus. Er nickte mir zu als Zeichen dafür dass ich nun als Vorhut zum Auto gehen solle. Keine zehn Schritte zum Auto hin, die Zielperson zwischen mir und Rodriguez, welcher die Nachhut bildete.

Plötzlich sah ich eine Person überraschend auf mich zukommen.
In Bruchteilen von Sekunden erfasste ich die neue Situation. Woher diese Person auf einmal kam ist mir ein Rätsel.
Mein Bauchgefühl teilte mir sofort Gefahr mit. Hinzu kam, dass er seine rechte Hand hinter dem Rücken verborgen hielt. Mir war sofort klar, dass dort eine Waffe versteckt sein würde. Alles ging auf einmal so schnell und ich musste eine Entscheidung treffen. Adrenalin pumpte auf Hochtouren durch meinen Körper. Meine rechte Hand zog sofort meine Glock Pistole aus dem Schulterhalfter und einen Moment später hatte ich sie im Anschlag und legte auf den Typen an.
Ich machte mir absolut keine Gedanken dazu ob er mich treffen könnte. Immerhin hatte ich unter meinem Anzug eine ballistische Unterziehweste an, die mir einen guten Schutz (SK1) gegen Faustfeuerwaffen bot. Nun brachte auch er seine Waffe zum Vorschein. Ich schrie dass er die Waffe fallen lassen soll, doch er kam dem nicht nach. Somit blieb mir nichts anderes übrig als ihm in seine rechte Schulter zu schießen. Mein Zeigefinger umschloss den Abzug und die Kugel verlies den Lauf. Der Knall meiner Waffe erfolgte augenblicklich und dann fiel er auch schon zu Boden und verlor die Waffe.

Rodriguez schützte mit seinem Körper sofort unsere Zielperson nach allen Richtungen ab so gut es ging.
Ein Geschrei auf der Straße entstand und dabei konnte ich beobachten, dass der Angreifer wieder zur Waffe greifen wollte. Ich warnte ihn nach der Waffe zu greifen doch seine Bewegungen gaben den Vorsatz seines Denken und Handels preis. Kurz entschlossen legte ich nochmals auf den Angreifer an. Ich musste unbedingt den Hirnstamm treffen, die Medulla obligate um sämtliche Gehirnfunktionen auszuschalten bevor sein Gehirn ein Signal zum Abdrücken der Waffe an seinen Abzugsfinger geben konnte.

Mir war klar, dass er mich aus den Weg räumen wollte um meine Zielperson zu entführen. Und falls er kein guter Schütze ist könnte eine an mir vorbei fliegende Kugel sogar meine Zielperson oder den Kollegen gefährden. Ich setzte ihn mit zwei gezielten Schüssen in den Kopf endgültig außer Gefecht. Ein Ruck fährt durch seinen Körper. Seine Finger erstarren, die Waffe fällt ihm aus der Hand und sein Körper bricht zusammen. Dann schaute ich in jede Richtung und suchte nach weiteren möglichen Entführern. Ich konnte aber nur ein Fahrzeug feststellen welches sich auffällig schnell entfernte. Mein Gefühl sagte mir, dass die Gefahr nun vorbei sei.
Es dauerte nicht lange und die Polizei traf am Tatort ein. Nachdem alles aufgenommen war konnte Rodriguez mit unserer Zielperson nach Hause fahren und ich musste mit der Polizei zur Wache.
Es wurde mir mitgeteilt, dass ich den Notwehrparagraphen nicht in Anspruch nehmen könnte und somit würde es zu einer Anzeige kommen. Auf der Wache sollte ich noch einmal verhört werden. Für solche Fälle galt es immer den Mund zu halten und nach einem Anwalt zu verlangen. Gesagt getan und ich bereitete mich auf eine Nacht in der Zelle vor.
Im Nachhinein gesagt ist es immer unterschiedlich wie man bei solch einem Überfall reagieren soll. Wenn die Polizei schnell vor Ort ist kann es schon passieren, dass man mit der Zielperson zur Wache muss. Oder die Angelegenheit ist eindeutig, was es in meinem Fall ja nicht war. Bestenfalls kann man mit der Zielperson einfach abhauen und erstattet selbst Strafanzeige.

Die Nacht verging und am Morgen wartete Marson, der Anwalt der Securitas, im Büro des Leiters vom Polizeirevier. Marson teilte mir sogleich mit, dass mein Vorgehen einige Schwierigkeiten einbringen würde. Es kommt zu einer Anzeige und später zu einer Anklage wegen unangemessenen Verhaltens.

Ich hatte den Fehler gemacht und den Angreifer beim zweiten Schuss getötet. Ich hätte ihn nur ein weiteres Mal anschießen dürfen. Der Anwalt sagte mir, dass ich diesen Blödsinn lassen soll. Es gäbe nur unnötig Ärger und kostet der Firma Geld. Wir fuhren zu einer Besprechung in die Agentur. Auf dem Weg dorthin wurde mir schnell klar was ich falsch gemacht hatte. Ich bereitete mich schon auf einen gehörigen Anschiss vor, mal sehen wer mir alles die Leviten lesen wird.

Im Büro waren der Leiter der ansässigen Securitas in São Paulo Enrice Gonzales und als Zuhörer vorerst Goldmann. Gonzales kam auch gleich zur Sache. „Sind sie sich dessen eigentlich bewusst, welchen Scheiß sie da gebaut haben? Und erzählen sie mir nicht sie wollten den Kerl nicht gleich erschießen. Sie haben völlig falsch reagiert und die Zielperson in Gefahr gebracht, so wie ihren Kollegen. Wenn sie nochmals so etwas fabrizieren, werde ich persönlich dafür sorgen, dass sie niemals mehr einen Job als Personenschützer bekommen. Sie hätten den Kerl mit dem ersten Schuss gleich töten müssen, dann wäre die Angelegenheit als normale Notwehr durchgegangen". Und als Gonzales mit seiner Predigt fertig war, bekam ich auch noch von Goldmann eine rüber gezogen. „Chris, hören sie mir genau zu was ich ihnen zu sagen habe. Die Arbeit die wir verrichten ist nicht Gotteswerk. Wir tun Sachen die er nicht machen will. Es gibt kein Kapitel und keinen Vers in der Bibel damit sie besser schlafen können. Wir sind sicher nicht moralisch vertretbar, aber wir sind notwendig, absolut ja. Also kommen sie von ihrem hohen Ross herunter, sonst wird es eines Tages die Falschen erwischen".

Wow, das war mir von nun an eine Lehre der besonderen Art. Der Job war mir aus allerlei Gründen wichtig. Zum einen war es ja genau das was ich machen wollte, zum anderen verdiente ich mir damit mein Geld.

Des Weiteren war der Job die benötigte Tarnung für die Evakuierungsmissionen. Es galt für mich keinen Fehler mehr zu machen.

Der Anwalt kannte die richtigen Leute und wusste das Problem für mich zu bereinigen. Später bekam ich eine Geldstrafe in Höhe von umgerechnet ca. 1000 Euro. Ein Menschenleben ist dort einfach nichts wert.

1 Auftrag Befreiung IT Personal

Die Menschen die hinter einer Geiselbefreiung stehen und ihre Geschichte.

Die Einsatzbesprechung:
Ich fragte: „Wie lautet der Plan"? „Die Einsatzregeln sind klar definiert. Ihr geht rein, legt jeden um, schnappt euch das Paket und kommt mit ihnen wohlbehalten zurück, ganz einfach" sagte Goldman und brachte Kartenmaterial sowie Unterlagen über den zeitlichen Ablauf zum Vorschein. „Die Zeit drängt" sprach er weiter. „Zwei Angestellte einer amerikanischen Computerfirma wurden hier in Brasilien entführt. Sie werden in einem Versteck in einem kleinen Gebäude festgehalten, die Lösegeldsumme ist auf 6 Millionen Dollar veranschlagt worden. Doch Lösegeldverhandlungen und Interventionen schlagen schon lange fehl. Da die Versicherung nun auch nicht mehr das Lösegeld bezahlen will, kommt ihr zum Einsatz". „Das operative Analyseteam arbeitet jetzt mit euch den Plan aus und erklärt euch die wesentlichsten Details". Nun wurden wir in den taktischen Planungsprozess eingebunden.

Planungsvorbereitung:

Erstens: Alles, was auch nur daneben gehen kann, geht garantiert daneben. Deshalb muss man bei der Planung eines Operationseinsatzes alle nur erdenklichen Fehler mit einkalkulieren.
Prüfen der Möglichkeiten. Was ist die optimale Vorgehensweise - Lösung für das vorhandene Problem? Sichten und Prüfen der vorgeschlagenen Lösungen auf Grund aller verfügbaren Informationen, Tatsachen, früherer Erfahrungen, möglicher Folgen. Freie Äußerung der Meinung und Gefühle aller Gruppenmitglieder, Befragung von Experten, Abwägen und Werten der verschiedenen Vorschläge.

Zweitens: Es genügt nicht, dass die beteiligten Teammitglieder und Zielpersonen den Plan überleben.
Der ausgearbeitete Plan muss auch die Fehlentscheidungen aller Beteiligten überleben.
So ist zum Beispiel das Zitat von Sunzi „*Wenn du den Feind und dich selbst kennst, brauchst du den Ausgang von hundert Schlachten nicht zu fürchten. Wenn du weder den Feind noch dich selbst kennst, wirst du in jeder Schlacht unterliegen*" immer noch aktuell. Ohne eine Stärken-Schwächen-Analyse des Angriffsplans kann man nicht erfolgreich sein.

Drittens: Die Entscheidung. Was machen wir also? Festlegen auf eine der vorgeschlagenen und geprüften Möglichkeiten oder einen Kompromiss auf der Grundlage von Konsens. Zusammenfassung der Diskussion, Testen der Übereinstimmung, Entscheidung, sich festlegen und trotzdem Flexibel bleiben.

Viertens: Das Planen der Ausführung. Wie gehen wir vor? Welche Teilaufgaben ergeben sich? Was für eine Ausrüstung wird benötigt? Welche Mittel stehen uns zur Verfügung? Wie ist der zeitliche Ablauf des Planes? Welche Informations- und Entscheidungsträger außerhalb der Gruppe müssen benachrichtigt, konsultiert und gewonnen werden?
Fünftens: Die beteiligten Personen vor Ort. Wer übernimmt was? Wie können die Aufgaben- und Aufbaufunktionen innerhalb des Teams wahrgenommen werden? Welche Fähigkeiten haben die einzelnen Teammitglieder? Was können sie einbringen? Was können sie übernehmen? Um das schöpferische Potential einer Gruppe auszunutzen, müssen alle Teammitglieder ungehindert ihre Einsichten, Ideen, Fähigkeiten, Wünsche usw. einbringen können.

Die drei Operationsanalysten übernahmen nun das Gespräch und informierten uns über unseren Einsatz und Einsatzort. Ford wandte sich sogleich mit folgenden Worten an uns: „Wir wissen, dass sich diese Kerle in einem ziemlich begrenzten und isolierten Gebiet aufhalten. Laut den neuesten Informationen haben sie nur minimale Sicherheitsvorkehrungen, ergo ein leichtes Spiel für euch". Tom unterbrach Ford mit folgenden Worten. „Wenn ich das schon höre". „Möchten sie auch etwas dazu sagen Tom?", frage Ford etwas genervt. „Klar, immer wenn ihr sagt das es ein leichtes Spiel ist, entpuppt es sich genau als das Gegenteil, mir sagt das, ihr habt in Wirklichkeit keine genauen Informationen oder irre ich mich da?" Ich hatte keine Informationen zu vorangegangenen Einsätzen. Ich wusste, dass Tom hoch intelligent war und wenn er dies so sagte musste wohl etwas Wahres dran sein.

Das Problem bei jeder unserer Angriffsplanungen war, dass wir keine konkreten Informationen über das Ziel - Gebäude und Geiselnehmer hatten. Somit gibt es keine Möglichkeit die Geiselbefreiung vorher perfekt zu simulieren. Es fehlten uns die genauen Grundrisse – maßstabsgetreue Zeichnungen vom jeweiligen Gebäude. Jeder Schritt in ein Gebäude barg enorme Risiken, da es nur oberflächliche Zeichnungen gab. Diese Operation entwickelte sich sehr schnell. Wir hatten sie so gut wie möglich geplant und vorbereitet, wie es in der kurzen Zeit möglich gewesen war, doch wir hatten sie nicht proben können.
Es gab eine Menge unkalkulierbare Faktoren, das Wetter war beschissen und die Operation würde in Brasilien stattfinden. Unsere Firma war den brasilianischen Behörden ein Dorn im Auge und würden sie uns erwischen, hätten wir immense Schwierigkeiten. Alles was wir machten war geheim, denn schließlich arbeiteten wir in fremden Ländern oder im Inland und setzten uns über deren Gesetze hinweg.

Es war eine Operation mit geringem Spielraum, bei der eine Menge schiefgehen konnte. Schon der kleinste Fehler könnte sich durch den Feind, das Wetter oder Murphys Gesetz zu einer Katastrophe entwickeln. Die Planungsvorbereitung mit dem Analyse Team war nun abgeschlossen. Jetzt ging es nur darum abzuwarten wann der Einsatz beginnt.
Es war also eine Frage des Abwartens und wir waren gut darin. Geduld gehörte für uns zum Handwerk, wie für alle Jäger. Eine Weile herrschte schweigen. Während dem Essen plauderten wir über dies und das, doch im Grunde warteten wir nur darauf, dass es endlich losging. In der Zwischenzeit checkten wir unsere Ausrüstung und machten uns bereit.

Vor und nach jedem Einsatz säuberten wir unsere Waffen. Jeder von uns achtete peinlichst genau auf seine Waffen, waren sie doch auf jeden Einzelnen perfekt eingestellt. Ich öffnete eine kleine Schachtel zur Waffenreinigung und verteilte verschiedene Utensilien wie Zahnbürste, Rundbürste für den Lauf, Wattestäbchen und das kleine Ölfläschchen auf einem weichen Tuch. Mit einem kleinen Hebel vor dem Abzug ließ sich der Schlittenfang der Glock 19 abnehmen, sodass die Waffe in zwei Teile auseinander fiel: den Lauf und den Griff samt Magazin.
Ich entfernte die Spiralfeder und vergewisserte mich, dass nichts ausgefranst oder abgebrochen war. Mit einem Blick in den Lauf stellte ich fest dass nichts verbogen war. Mehrere Minuten verbrachte ich mit dem Reinigen. Dann baute ich die Waffe wieder zusammen und testete die Mechanik, indem ich die Waffe auf ein Bild an der Wand richtete und abdrückte. Die Abzugsmechanik klickte. Die Glock 19 war soweit in Ordnung.
Ich hatte vier Magazine mit je neunzehn Schuss.
Nun drückte ich jede einzelne Patrone heraus, um sie nach möglichen Defekten abzusuchen. Die glänzenden Patronen lagen in Reihe und Glied nebeneinander aufgereiht auf einem Tuch.
Ich bevorzugte Hohlspitzgeschosse.

Ein Hohlspitzgeschoss (englisch Hollow Point, kurz HP) ist eine für Lang- und Kurzwaffen verwendete Munitionsart, deren Merkmal eine Aushöhlung an der Geschossspitze ist. Diese Aushöhlung bewirkt, dass sich die Kugel beim Aufprall pilzförmig deformiert und seine Querschnittsfläche vergrößert. Durch die geringere Querschnittsbelastung eines aufgepilzten Geschosses wird mehr Energie auf das Zielmedium übertragen. Es kann dabei zur vollständigen Energieabgabe kommen, die einen „Steckschuss" zur Folge hat. Bei solch einem Steckschuss wird die gesamte durch das Geschoss übertragene Energie abgegeben. Im Gegensatz dazu wird bei einem Durchschuss nur ein Teil davon abgegeben, da sonst das Geschoss nicht weiterfliegen könnte.

Mit der Verringerung der Querschnittsbelastung sinkt aber auch die Durchschlagskraft eines Geschosses. Durch die Aushöhlung wird eine wesentlich schnellere und meistens stärkere Deformation als bei Teilmantel geschossen erreicht. Dies bewirkt, dass das Geschoss schon bei geringerer Tiefe eine gute Wirkung erzielt.

Geschosse mit hoher Energieabgabe haben eine hohe Mannstopwirkung. Die Einschusslöcher waren sehr klein, aber wenn sie auf einen Knochen traf, zersplitterte die weiche Spitze wie eine kleine Minigranate und zerfetzte alles in unmittelbarer Nähe. So eine Kugel sollte den Körper nicht verlassen sondern zerstören.

Dann überprüfte ich meine Stilette in der Armschiene ob der Auslöser ordnungsgemäß funktionierte. Tadellos sprang die Klinge aus der Halterung hervor. Das Messer war einer Sonderanfertigung, genau nach meinen Wünschen angefertigt. Es war immer am rechten Unterarm und in einer für mich eigens angefertigten Vorrichtung platziert. Bei einer bestimmten Bewegung mit meiner rechten Hand schnellte es von einer Feder angetrieben blitzschnell in meine rechte Handfläche und war sofort einsatzbereit.

Inspiriert wurde ich zu diesem ausgefallenen Messer mit seiner Mechanik durch den Film Taxi Driver mit Robert De Niro. In einer Filmszene bewegte er seinen Arm und wie durch Zauberei flog eine Faustfeuerwaffe in seine Hand.
Das Stilett ist eigentlich eine dem Parierstangendolch verwandte Stichwaffe mit norditalienischer Herkunft. Es ist normalerweise schlanker und kleiner als der herkömmliche Dolch, seine Parierstangen sind immer gerade und recht kurz. Sein hervorstechendstes Merkmal aber ist seine schmale, extrem steife Klinge, die einen vierseitigen Querschnitt hat und nadelspitz ist. Extrem kleine Papierstangen, gerade so groß, dass der Daumen beim Zustechen nicht rüber rutscht.
Der Griff war genau den Fingern meiner rechten Hand angepasst, sodass ich einen perfekten Halt hatte, wenn ich es benutzen musste. Ich entschied mich für diese Art von Waffe mit seiner speziellen Halterung aus mehreren Gründen. Zum einen war sie sehr leicht da sie eine extrem kleine Klinge hat und zum anderen was noch vorteilhaft war, ich brauchte die Waffe nicht erst aus einer Scheide ziehen, wenn ich sie benötigte. Sie flog geradezu in meine Hand wenn ich den Auslöser betätigte. Alles war in einem tadellosen Zustand.
Das Stiletto war deshalb mein Favorit, weil es ein Tod bringender Dolch mit einer schmalen Klinge ist, die zum Ende hin breiter und an der Spitze wieder sehr schmal wird. Perfekt um jemanden lautlos zu töten. Zum Schluss säuberte ich mein Kommandoschwert. Die extrem geschärfte Klinge war schwarz und funkelte mich geradezu mit einem teuflischen Grinsen an. Ich trug das Schwert hinten am Rücken, so konnte ich es bequem aus der Scheide ziehen. Alle Waffen waren kontrolliert und einsatzbereit. Es konnte nun losgehen. Wir hatten unsere persönlichen Vorbereitungen nun abgeschlossen.

Wir waren exakt gleich gekleidet in einem schwarzen Einsatzoverall und oberhalb die kugelsichere Weste aus zentimeterdickem Kevlar und mit weiteren Platten versehen um eine Weste mit Schutzklasse SK4 zu erhalten. Diese würden sogar den Kugeln eines AK47 standhalten. Über der kugelsicheren Weste waren wir mit einer taktischen Weste bekleidet.

Eine taktische Weste besteht im Grunde genommen aus vielen Schlaufen, mit denen man seine Einsatzausrüstung am Körper befestigen kann. So zum Beispiel waren sie mit Ersatzmagazinen, Hand- oder Blendgranaten, Sprechfunk, Morphiumspritzen und mit Verbandsmaterial bestückt. Sie hatte auch den Vorteil, dass man sie ablegen konnte ohne die ballistische Weste entfernen zu müssen.

Unsere Gesichter waren voll mit Tarnfarben bestrichen und sahen sehr unterschiedlich aus. Manch einer von uns trug einen Dschungelhut, eine Gesichtsmaske oder einen breiten Schal der über den Kopf gezogen werden konnte.

Ich selbst hatte einen 3mm kurzen Haarschnitt und bemalte, bei solchen Einsätzen, meinen ganzen Kopf mit einem zweifarbigen Tarnfarbenstift. Schwarze Einsatzstiefel sowie schwarze Kevlar-Einsatzhandschuhe rundeten unser Aussehen ab. Keiner von uns trug ein Rangabzeichen oder einen sonstigen Hinweis auf seine wahre Identität.

Wir gehörten keiner offiziellen Stelle an und wussten um die Risiken wenn man uns erwischte. Was uns auf den ersten Blick unterschied war allerdings die Bewaffnung.

Drei von uns hatten wie immer Scharfschützengewehre. Igor bevorzugte eine russische Variante. Das WSS-Wintores ist ein schallgedämpftes, russisches Scharfschützengewehr.

Es verschießt Unterschall-Spezialmunition im Kaliber 9 x 39 mm.

Das Gewehr hat eine Reichweite von bis zu 400 Meter und zeichnete sich durch seinen integrierten Schalldämpfer, fast völlige Geräuschlosigkeit sowie eine gute Mannstoppwirkung aus.
Iman und Tom waren Fans von einem Repetiergewehr. Das McMillan TAC-50 ist ein Scharfschützengewehr mit Kaliber 12,7 x 99 mm NATO (.50 BMG). Der schwere Lauf kann mit einer Mündungsbremse ausgestattet werden, um den starken Rückschlag des großen Kalibers abzufangen. Optional wurde aber die Mündungsbremse durch einen Schalldämpfer ersetzt. Der Schaft bestand aus glasfaserverstärktem Kunststoff und wird durch ein aufklappbares Zweibein ergänzt.
Da die Waffe keine offenen Visiere hatte konnte sie mit verschiedenen Zielfernrohren und Nachtsichtgeräten ausgestattet werden. Die anderen trugen ein Sturmgewehr mit Schalldämpfer der Marke Heckler & Koch. Das HK G36 Kaliber 5,56 x 45mm ist mit den unterschiedlichsten Möglichkeiten von Feuerarten wie Dauerfeuer, Feuerstoß oder Einzelfeuer und einer Kadenz von 750 Schuss/min. ausgestattet. Jeder trug eine Automatik Glock 19 mit Schalldämpfer in einem rechten Oberschenkelholster sowie ein Kampfmesser nach Belieben in einer Scheide.
Dies war die Standardausrüstung, doch jeder konnte sich mit weiterem Equipment seiner Wahl ausstatten bzw. bewaffnen. Ich selbst trug auf der linken Seite mein Kampfmesser, doch mein bevorzugtes Messer war das Stilett.
Unterhalb meiner taktischen Weste verbarg ich mein schwarzes Kampfschwert in einer Rückenhalterung. Mein erster Auftrag, er konnte beginnen.

Goldmann kam zu uns und sagte: „Meine Herren, dass diese Missionen für Männer sind, die sich nicht in jeder Sekunde an die eng gesetzten Grenzen der Gesetzgebung sprich Politik halten müssen, ist ihnen wohl klar. Vorrangiges Ziel ist es immer die Geisel zu befreien und das unter Anwendung aller notwendigen Maßnahmen.

Sie sind zudem besser dazu geeignet, oftmals unbequeme Entscheidungen zu treffen, auch und gerade in Situationen, in denen den Behörden die Hände gebunden sind. Also gehen sie los und tun ihren Job."

Erster Abflug

Nun war es an der Zeit, wir stiegen in den wartenden Hubschrauber ein. Es war ein Sikorsky CH-53G (Camouflage). Wir setzten uns mit der Ausrüstung nebeneinander und schalteten den Bordfunk ein. Mike saß neben mir, drehte sich zu mir um und sah mir ins Gesicht. Dann sagte er auf einmal: „Hey Chris ist dein erster Einsatz, hast du Angst?" Ich überlegte kurz um ihm eine passende Antwort zu geben, denn alle anderen hatten über Funk mit gehört. Mit einem Grinsen im Gesicht erwiderte ich dann: „Angst hat man nur dann, wenn der Tod ungewiss ist. Ruhig ist man, wenn der Tod auf einen wartet". Die Antwort hat wohl niemand erwartet, denn die anderen fingen an zu lachen. Und dann ging es auch schon los. Im Hubschrauber unterdrückten das auf Heulen der Turbinen und das Pochen der Rotorblätter jeden weiteren unliebsamen Gedanken. Der Hubschrauber schwebte jetzt, dann ein leichter Ruck und die Maschine nahm ihren Kurs auf in Richtung ihres Bestimmungsortes.
Die Flugzeit war nicht lang bei einer Fluggeschwindigkeit von ca. 290 km/h. In der Zwischenzeit überprüften wir unsere Funkverbindung. Erläuterten noch mal die allgemeine Strategie, tauschten unsere Gedanken aus und gingen ein Dutzend taktischer Überlegungen durch.
Wir waren jetzt bereit.

Auf dem Flug wurde der Heli von einer Turbulenz ergriffen das es uns nur so durchschüttelte. Trotz allem war es ein irres Gefühl wenn man so tief und schnell flog.
Sobald wir gelandet sind würden wir in einen LKW umsteigen müssen und mit diesem bis zum geplanten Zielpunkt fahren.
Es regnete in Strömen, als wir aus dem Hubschrauber hinaus sprangen, welcher auf dem Flughafen Landepunkt gelandet war. Dann ging die Fahrt los. Es war genau 4 Uhr und 11 Minuten, 23 Minuten vor Sonnenaufgang und 17 Minuten, ehe sich der erste blau-schwarze Tagesschimmer am Horizont verbreiten würde.
Planmäßig kamen wir am Ziel an, wo wir den kleinen Lkw stehen lassen würden. Von nun an ging es zu Fuß weiter bis wir am Zielobjekt angekommen sind. Wir hatten nun nicht mehr weit bis zu dem Haus wo die zwei Zielpersonen gefangen gehalten wurden. Das Zielgebäude war leicht zu identifizieren - zumindest wenn man unserer Karte vertrauen konnte. Als wir nah genug waren, rückten unsere beiden Späher Tom und Miguel vor, um die Lage zu checken.
In der Zwischenzeit überprüften wir noch einmal unsere Ausrüstung und zogen uns zum Schluss eine schwarze Sturmhaube übers Gesicht, damit uns niemand sehen konnte.

Am schwarzbraunen Himmel brach nun das erste Frühlicht langsam durch. Dies war die Gelegenheit auf die wir gewartet haben. Jetzt, da wir dem Tod wieder ins Antlitz schauen würden, sammelte jeder seine Gedanken und tat seinen vorgesehenen Job. Die drei Scharfschützen (Igor, Tom und Aiman) werden uns von ihrer Position aus nötigenfalls den Weg ebnen, das heißt jede mögliche Bedrohung ausschalten. Die Tarnkleidung gab uns einen guten Sichtschutz gegen neugierige Blicke, um nicht sofort erkannt zu werden. Unser taktischer Plan sah es vor, so lange wie möglich vom Gegner unentdeckt zu bleiben.

Hierzu war es nötig, sich an den Gegner heranzuschleichen um ihn dann kampfunfähig zu machen. Bevorzugtes ausschalten des Gegners war die Liquidierung durch die schallgedämpfte Glock oder durch ein Messer.
Über Funk verständigten wir uns ob jemand einen der Geiselnehmer sah und wo er sich eventuell aufhielt. Sobald ein Geiselnehmer zu einer Bedrohung wurde und wir vier Nahkämpfer (Miguel, Mike, Mathis und ich) nicht selbst frühzeitig und nah genug an ihn heran kamen um ihn auszuschalten, wurde er in der Regel durch einen gezielten Schuss von einem unserer Scharfschützen eliminiert.
Die Scharfschützengewehre waren mit Schalldämpfern und einem Restlichtverstärker ausgestattet und jedes noch so kleine Ziel wurde dadurch sofort erkannt und ausgeschaltet. Jeder von uns setzte absolutes Vertrauen in die drei Scharfschützen. So war die Sorge eventuell frühzeitig entdeckt zu werden nebensächlich. Überhaupt nicht entdeckt zu werden, darauf kam es an. Dieser Vorteil ist entscheidend wie eine solche Rettungsaktion ausgehen kann. Zu viert gingen wir hintereinander los, zogen unsere schallgedämpften Faustfeuerwaffen (Glock 19) aus den Oberschenkelhalftern heraus, entsicherten sie und drückten den Abzug fast bis zum Anschlag vorsichtig zurück, sodass sich nicht unvorsichtigerweise ein Schuss löst. Wir waren sehr geräuschlos und kamen im dichten Unterholz gut voran. Meter um Meter pirschten wir uns weiter an und auf einmal befanden wir uns fast unerwartet schnell, in der Nähe des Hauses.
Trotzdem immer auf der Hut, dass einer der Geiselnehmer aus dem Haus heraus oder gar hinterm Haus hervor kommen könnte. Ich sah auf das Leuchtzifferblatt meiner Armbanduhr und erkannte, dass wir unseren Zeitplan einhalten mussten. Die Zeit wurde langsam knapp. Wir mussten uns beeilen.

Die Mission war zwar nicht gefährdet doch unerwartete Ereignisse konnten jederzeit passieren und die Aktion erschweren.

Gerade als wir aus der Deckung heraustraten und zum Haus wollten, veränderte sich die Situation schlagartig zu unseren Ungunsten. Igor, der die Nachhut bildete und unsere Rücken frei hielt und für den Rückzug verantwortlich war, gab über Funk Alarm, dass ein Fahrzeug die Straße herauf kam in Richtung unseres Zielobjektes. Schnurstracks bewegten wir uns leise rückwärts zurück in die Deckung aus der wir gekommen waren. Im Schutze des Dickichts warteten wir ab, was wohl nun geschehen mag. Wir hörten auch schon den Motor des herankommenden Fahrzeuges. Wir vier hielten inne, um zu lauschen, um die neue Situation zu analysieren. Mein Gehirn ratterte vor Gedankengängen. So früh am Morgen, wer könnte das sein und warum kommt er überhaupt? Sind wir etwa aufgeflogen?
Kommt nun für die Geiselnehmer Verstärkung?
Werden die Geiseln vielleicht zur Sicherheit woanders hingebracht?
So vieles konnte der Grund sein und wir hatten keine Ahnung, weshalb sich die Situation so unerwartet verändert hat.
Zur Sicherheit warteten wir in unserer Deckung erst einmal ab, um zu sehen was nun genau passieren wird. Währenddessen schaltete sich Tom mit dem Satellitentelefon zur Kommandozentrale durch. Er schilderte kurz und detailliert die die derzeitige Situation und fragte ob es neue Erkenntnisse gäbe. Die Kommandozentrale erwiderte, dass sich der Status nicht verändert hätte. Wir sollten wie geplant vorgehen und nötigenfalls den Neuankömmling genauso ausschalten wie alle anderen.
Entscheiden nach eigenem Ermessen, aber möglichst schnell.
Tom gab uns über Funk die Infos der Kommandozentrale.

Ok, es gab nichts Neues. Also gut, jederzeit könnten wir mit einem Angriff starten. Immer wieder hatten wir im Trainingslager solche veränderten Situationen geprobt. Es ging jetzt nur noch darum den geeigneten Zeitpunkt unseres Angriffs festzulegen und alle Beteiligten auszuschalten.

Nun konnten auch wir die Scheinwerfer des Fahrzeugs an einigen Bäumen und durch einige Bäume erkennen.
Im Haus trat jemand zum geöffneten Fenster und sah heraus. In seinem Gesicht war Erstaunen und Ratlosigkeit zu erkennen. Als sich die Scheinwerfer näherten wurde das ganze Gelände hell erleuchtet. Vorsichtshalber presste jeder von uns seinen Körper zu Boden. Es bestand nur eine geringe Gefahr dass wir entdeckt werden. Das Auto hielt mit quietschenden Reifen direkt vor dem Haus. Dann stieg auch schon jemand auf der Fahrerseite aus. Gleich darauf öffnete sich die Haustür und ein Mann mittleren Alters trat heraus und begrüßte den Autofahrer. Der Mann der aus dem Haus kam, war sichtlich nicht erfreut ihn zusehen.
Über Funk berieten wir unsere weitere Vorgehensweise. Da die Zeit drängte, entschieden wir uns dazu, schnellst möglichst einzugreifen. Die neue Situation erforderte ein sofortiges Handeln. Wir konnten nicht darauf warten, ob der Neuankömmling gleich wieder verschwinden würde. Die Männer verschwanden diskutierend im Haus. Unser Plan sah es vor, dass Miguel und Mike am Fenster Stellung beziehen würden. Leise pirschten sich die beiden ans Haus heran. Mathis würde mit mir zusammen zur Haustür vordringen und dort in Stellung gehen.

Sobald Mike zwei Blendgranaten durchs Fenster geworfen hat, wollten wir zwei ins Haus stürmen, direkt zum Raum wo sich die Geiselnehmer aufhalten.

Dort könnten wir sie mit Waffengewalt ausschalten. Die Blendgranaten sollten sie orientierungslos machen, sodass unser Zugriff die nötige Ablenkung erhielt. Das Startzeichen für Mathis und mich um durch die Haustür zu stürmen, wären die Detonationen der Blendgranaten. Miguel und Mike würden uns vom Fenster aus schützen und Hilfe leisten. Eine Blendgranate oder Schockgranate, auch Flashbang, ist eine Granate, die mit einem lauten Knall (ca. 170–180 dB) und sehr hellem Licht (6–8 Millionen Candela) explodiert. Personen, die sich in der Nähe des Explosionsbereiches aufhalten, werden dabei kurzzeitig orientierungslos, da Seh- und Hörwahrnehmung stark beeinträchtigt werden. In der Regel entstehen bei der Explosion keine Splitter, was Blendgranaten auch einsetzbar macht, wenn sich Zivilpersonen in der Nähe der Explosion aufhalten (z. B. bei Geiselnahmen).
Knall und Blitz der Explosion hinterlassen in der Regel keine bleibenden Schäden. Die Zündmischung basiert meist auf Magnesium- und Perchlorat Basis. Oftmals kommt auch eine Kombination von Lärm- und Blendgranate zum Einsatz, was zur vollkommenen Verwirrung von Personen führt, die der extremen Belastung unerwartet ausgesetzt werden. Diese Art Granate wird vor allem von Spezialeinheiten der Polizei und des Militärs bei der Erstürmung eines Raums oder Gebäudes eingesetzt. Und nun kamen sie bei uns zum Einsatz.
Als Miguel am Fenster mit Mike angekommen war, holte er eine digitale Teleskopkamera heraus und bewegte die Kameralinse langsam übers Fensterbrett in die Ecke.
Nun konnte er über einen kleinen Bildschirm in den Raum hineinsehen. Über Zeichensprache teilte er uns mit das er vier Geiselnehmer sehen konnte und das sie bewaffnet sind. Sie sahen aus wie Geschäftsleute, doch der Schein trügte.

Entführung ist schon immer ein lukratives Geschäftsfeld gewesen, nicht erst seit heute.

Nur sehen die Entführer von heute nicht mehr aus wie billige Verbrecher. Die vier diskutierten aufgeregt, irgendetwas hat sie wohl sehr aufgeregt. Wir wussten nicht worum es ging. Währenddessen konnte Tom von seiner Position aus mit seinem Zielfernrohr in das Zimmer mit dem geöffneten Fenster teilweise reinsehen. Doch so manches blieb, aufgrund der eingeschränkten Sichtweise im Verborgenen. Wir machten uns bereit um nach den Detonationen ins Haus zu stürmen, als Miguel uns auch schon wieder ein Zeichen gab.

Abbruch, Abbruch. Etwas unvorhergesehenes passierte gerade. Sofort fiel mir ein Satz ein, den ich während meiner Ausbildung immer und immer wieder zu hören bekam. „Ihr müsst immer auf alles nur Erdenkliche vorbereitet sein, selbst auf das unmögliche".
Wie es aussah war unser Plan gescheitert. Sofort schlichen wir rückwärts zurück und pressten unsere Körper im Schatten des Hauses an die Hauswand. Miguel hatte gesehen dass der Neuankömmling sich von den anderen drei auf einmal sehr freundschaftlich verabschiedete und Anstalten machte wieder zu fahren. Es sah so aus als ob sie ihre Differenzen beseitigen konnten. Dann ging der Kerl los. Miguel beobachtete die drei anderen Kerle im Zimmer weiter über sein Gerät.
Sie diskutierten wieder. Der Kerl war nun auf dem Weg zur Haustür. Wenn er erst einmal draußen war würde er bestimmt einen von uns entdecken, wir hatten nicht genug Zeit gehabt, um uns vom Haus zu entfernen und in Deckung zu gelangen.

Ich versteckte mich neben der Tür hinter einem kleinen Vorsprung. Mike und Miguel duckten sich nur, es gab keine wirkliche Deckung für sie. Immerhin Mathis schaffte es bis zur Hausecke. Nun war akuter Handlungsbedarf gefragt. Natürlich könnte einer der Scharfschützen den Kerl liquidieren, sobald dieser heraus kam.

Doch sein Körper würde beim Zusammenbrechen unnötige Geräusche machen und die anderen wären gewarnt, dann könnte es zu einem ungewollten Kampf um das Haus kommen. Der Kampf in einem Haus ist bei weitem besser als wenn wir erst das Haus erstürmen müssten. Es wäre für alle Beteiligten das Beste er würde niemanden bemerken und er könnte mit dem Fahrzeug wegfahren. Die im Haus würden das Geräusch hören welches das wegfahrende Fahrzeug macht. Niemand würde Verdacht schöpfen das irgendetwas nicht stimmte. Ich wusste, dass ein Mensch im Dämmerlicht aus dem Augenwinkel schärfer etwas wahrnimmt, als wenn er gerade aussieht.

Hinzu kommt, dass der menschliche Geist die Fähigkeit hat, Gefahren die das eigene Leben oder die persönliche Integrität bedrohen, innerhalb kürzester Zeit wahrzunehmen. Noch ehe wir zu denken begannen, reagierten unsere Gehirne und dann der Körper mit ganz bestimmten Überlebensmechanismen – zum Beispiel mit dem Versuch zu kämpfen.

Mein Herz begann stärker zu klopfen. Adrenalin wurde durch meinen Körper gepumpt und tat seine Wirkung. Um ruhiger zu werden, atmete ich tief durch. Jeden Moment war es soweit. Ich wusste genau, dass hier nichts schief gehen darf, sonst sind wir vielleicht alle tot. Dann kam er auch schon aus dem Haus und wollte zum Auto gehen. Auf jede Sekunde kam es nun an. Es gab keinen anderen Ausweg mehr. Ich presste mich noch mehr gegen die Hauswand und spannte meine Muskeln für den entscheidenden Augenblick an. Mit dem Rücken zu mir gewandt, ging er vor mir in Richtung Auto. Er machte kaum zwei Schritte, als er auch schon Miguel und Mike erblickte. Nun Griff er mit seiner rechten Hand hinter seinen Rücken, wo er einen Revolver unterm Hemd trug. Noch bevor er eine Warnung an die im Haus befindlichen Geiselnehmer aussprechen konnte und die Waffe in Anschlag bekam, reagierte ich rechtzeitig.

Ich hatte zwar gehofft, dass ihm nichts auffällt, da er schnurstracks zum Auto geht aber dem war nicht so.
Einen kurzen Augenblick überlegte ich wie ich ihn am besten lautlos ausschalten sollte. Ich hatte zwei Möglichkeiten.
Zum einen könnte ich ihn mein Stilett zwischen die vierte und fünfte Rippe in die Lunge stechen, sobald ich es zurückck zog würde die Lunge sofort kollabieren und er wäre sogleich tot.
Oder ein Schnitt beim Hals. Ich entschied mich für die zweite Variante.
Weil ich glaubte, dass sie effektiver ist in Hinblick darauf das er niemanden warnen kann. So wie wir es immer wieder bei der Ausbildung geübt hatten, sprang ich aus meiner Deckung hervor. Sofort umklammerte meine linke Hand seinen Mund, so dass kein Laut seine Lippen mehr verlassen konnte und er die anderen im Haus hätte warnen können. Ich spürte nicht einmal dass sich gleichzeitig meine rechte Hand bewegte. Es war fast so als gehöre sie gar nicht zu mir. Die Klinge meines Stiletts schnappte aus seiner Halterung unterhalb meines Ärmel, gehalten von der am Griff des Messers befestigten dünnen, leichten Sprungfeder direkt in meine Hand. Dann stach ich auch schon mit dem Messer zu. Es ging rasend schnell von statten. Man kann sagen, dass es schon vorbei war bevor es begonnen hat.

Ohne lange nachzudenken, waren meine Bewegungen automatisiert genug, um den Gegner auszuschalten. Das Verfahren besteht darin, dass das Messer von der Seite nach vorne eindringt. Ein schneller Schnitt nach außen durchtrennt Halsvene, Karotis, Luft- und Speiseröhre und führt auf der Stelle zum Tod. Er gab kaum einen Laut von sich, obwohl sein Körper noch leicht zuckte. In diesem Augenblick ist es unbedingt erforderlich jede Art von Emotionen auszuschalten. Während der Mann sich hilflos wandte, spürte ich seinen Körper gegen den eigenen erbeben.

Wie er sich im verzweifelten Kampf ums Überleben gegen meinen drängte, seinen heißen Atem in meiner Handinnenfläche, während ich mit dem Messer in seinem Hals eindrang. Im Todeskampf entleerte so mancher seinen Darm, die Blase oder gar beides und blutet vielleicht auf dich ein. Was man später erst bemerkte. Langsam lies ich ihn zu Boden gleiten. Mathis packte schnell mit an und wir legten ihn leise an die Hauswand. Im Kampf trifft man Entscheidungen und danach muss man mit diesen leben.

Nun sahen wir uns um, ob jemand etwas bemerkt hatte. Während der Aktion bekamen wir von den Scharfschützen Rückendeckung. Nichts Auffälliges war zu vernehmen und über Funk hörten wir auch nichts, also schnell weiter. Mike gab die ganze Zeit über Miguel Rückendeckung, der weiterhin die Geiselnehmer beobachtet hat.
Uns war klar, dass wenn sie nicht bald das Auto wegfahren hören, sie dies misstrauisch machen würde. Wir hatten nicht mehr viel Zeit. Über Funk entschieden wir in Absprache mit den Scharfschützen, jetzt sofort ein zweites Mal los zu schlagen. Miguel teilte uns mit, das auf dem Bildschirm immer noch zusehen sei, was er schon in der Nacht beobachtet hatte. Niemand hielt eine Waffe von Ihnen in der Hand. Eine Automatik lag auf dem Tisch. Eine Pumpgun lag auf einer Kommode und ein AK47 lehnte an der Wand. Zwei von ihnen trugen hinterm Rücken im Hosenbund eine Automatik. Sie führten eine Unterhaltung, die sehr bald in einen Streit ausartete. Es wurde immer wilder und somit hatten sie keine Augen für ihre Umwelt. Damit hatte sich die Möglichkeit ergeben, auf die wir gewartet haben.

Wir wussten zwar nicht, wo sich die Geiseln befanden, aber die Gelegenheit, um nun zuzuschlagen war mehr als günstig.

Hinzu kam, dass wir unter enormem Zeitdruck standen.
Zu viele unvorhersehbare Ereignisse sind schon passiert und unser Zeitplan könnte somit ins Wanken geraten. Man musste kein Einstein sein, um zu wissen, dass Zeit relativ ist.
Von nun an brauchten wir uns nicht mehr mit Worten verständigen. Wir hatten solche Situationen immer wieder geübt und wussten genau, was wir zu tun hatten. Wir würden bei der Vordertür rein marschieren und schon vorher wissen, was wir machen würden. Wir brauchten keine Sekunde, um die Situation zu überblicken.

Keine Sekunde, um Angst zu bekommen, nachzudenken, es sich noch einmal zu überlegen, in Stellung zu gehen oder auch nur den Entführern zu drohen. Wir werden einfach nur einen Schritt auf sie zu machen und sie eliminieren. Lieber sie als wir. Mathis schlich sich nun ins Haus, nachdem er leise die Haustür geöffnet hatte. Hoffentlich merkte niemand etwas, war doch das Fenster geöffnet und ein eventueller Luftzug könnte unser Vorgehen verraten. Während ich Mathis Deckung gab, schlich ich hinter ihm her.
Im Hausflur angekommen, ich stützte die Ellenbogen auf die Knie, zielte geradeaus und wartete in dieser Stellung wie der Jäger in der Deckung auf das Wild, indem ich mich zu Geduld, zu Umsicht und Wachsamkeit ermahnte. Ich hoffte wieder einmal, dass ich das Richtige tat. Ich sah keine Alternative. Ein falscher Schritt könnte verheerende Folgen haben.
Im Hausflur war eine Lampe an der Decke angebracht. Sie leuchtete hell genug um alles genau in Augenschein zu nehmen. Zentimeter um Zentimeter schlichen wir weiter auf den Raum zu in welchem die Geiselnehmer redeten.
Beide hielten wir eine Automatik mit Schalldämpfer in der Hand und den Finger am Abzug. Immer darauf bedacht nur kein Geräusch zu machen. Die Tür des Raumes war nach innen hin offen.

Jede Sekunde mussten wir damit rechnen, dass einer der Geiselnehmer aus dem Raum kommt und uns entdeckt. Insgeheim hoffte ich, dass niemand heraus kommen würde. Miguel sollte die Blendgranate ins Zimmer werfen um die Entführer damit abzulenken. Danach könnten Mathis und ich in den Raum vordringen und die Geiselnehmer ausschalten. Das einzig gefährliche ist die Situation in der wir unterm Türstock oder in der Tür stehen. Der Türstock ein einziger tödlicher Trichter. Der der zuerst durch die Tür marschiert, bekommt die ganze Scheiße mit voller Wucht zu spüren, doch wir wollten das nicht sein, die es abbekommen würden.
Auf einmal schrie einer der Kerle etwas im Raum.
Ich verstand zwar nicht was er sagte und worum es ging, aber aus seinem Ton konnte ich heraushören, dass etwas nicht nach unserem Plan verlief. Die Ereignisse überschlugen sich. Wir beide konnten nichts von dem was im Raum vor uns ablief sehen und wussten somit auch nicht was dort vor sich ging. Aber aus der Erfahrung heraus, hatte ich die leichte Befürchtung und fühlte instinktiv das es nun etwas schwieriger werden würde.

Von Miguels Beobachtungen her, war mir klar wie stark die Bewaffnung der Entführer war und was sie zur Verfügung hatten. Sofort stellten wir uns darauf ein, dass es zu einem Schusswechsel kommen muss. Endlich gab Miguel das Zeichen und wollte die Blendgranate ins Zimmer werfen. Und noch bevor die Detonationen und Blendung erfolgten, fing das AK47 mit seinem Stakkato auf das Fenster an zu schießen. Zusätzlich folgten die Geräusche einer Pistole. Sofort nachdem die Granate explodierte sprangen wir beide, die Waffen im Anschlag unter den Türstock und suchten uns jeder ein geeignetes Ziel. Der beißend blaue Rauch war in meinen Augen spürbar.

Der Kerl mit der Kalaschnikow feuerte und feuerte bis die letzte Patrone verschossen war und der Verschluss offen blieb. Die Geiselnehmer hatten alle auf das Fenster geschossen und sich nicht um den Eingang gekümmert. Abgelenkt von den Auswirkungen der Blendgranate standen die Geiselnehmer irritiert im Raum. Zwei der Geiselnehmer hatten auf das Fenster geschossen. Der dritte stand in einer Ecke und machte Anstalten, mit der Pistole im Anschlag den Raum zu verlassen. In dem Augenblick als wir im Raumeingang standen, nahm er uns auch schon wahr und drückte sofort den Abzug seiner Pistole durch.

Noch etwas benommen von der Blendgranate, konnte er nicht so gut zielen und erwischte Mathis nur mit einem Streifschuss am linken Oberarm. Der zweite Geiselnehmer drehte sich nun auch zu uns um und sah mich mit Wut verzerrtem Gesicht an. Er blickte direkt herüber zu mir und öffnete seinen Mund, um etwas zu sagen.
Doch er brachte kein Wort mehr hervor. In Bruchteilen einer Sekunde drang meine Kugel durch seinen geöffneten Mund und trat aus seinem Hinterkopf wieder aus.
Er sackte auf der Stelle zusammen.
Mathis zögerte keine Sekunde und schoss sofort auf den zweiten.
Ich sah, wie er von den neun Millimeter Hohlspitzgeschossen aus den mit Schalldämpfer versehenen Pistolen, von Mathis getroffen zusammen brach. Bevor ihre Körper auch nur den Boden berühren konnten, waren sie schon tot.
Die Hohlspitzgeschosse taten ihre Wirkung.

Tom hatte nach dem die Blendgranate hoch gegangen war, sofort den wie wild auf das Fenster schießenden Geiselnehmer mit seinem AK47 aufs Korn genommen.

Der Schütze wurde durch einen Fangschuss in den Kopf ausgeschaltet und das AK47 verstummte augenblicklich. Miguel und Mike blieben, solange der Schütze mit der Kalaschnikow auf das Fenster feuerte in Deckung. Keiner von beiden hatte große Lust von den schweren Geschossen getroffen zu werden.
Sie konnten sich darauf verlassen das wir den Rest erledigten. Sie selbst sicherten aus ihrer Stellung heraus die Umgebung ab. Der Raum war gefüllt mit Pulverrauch. Er roch stark nach Schwefel. Keiner der Geiselnehmer war mehr am Leben. Das Feuergefecht hatte sich zu unseren Gunsten entwickelt.

Die Einstellung der Führung habe gelautet, potenzielle Bedrohungen müssen ausgeschaltet werden, nun das waren sie dann wohl. Sofort sicherten wir den Raum und Flur ab. Miguel und Mike betraten unter aller Vorsicht das Haus und kamen zu uns in den Raum, wo die drei Leichen waren. Niemand sagte ein Wort von uns. Es wird von uns erwartet, dass wir die Gefahren kennen und bestimmte Risiken eingehen. Ich durchsuchte sehr schnell Leiche um Leiche nach einem Hinweis wo sich die Geiseln befinden könnten. Bei Leiche eins und zwei musste ich feststellen, dass dies nichts Interessantes zu Tage brachte. In geduckter Haltung ging ich zur dritten Leiche rüber und durchsuchte auch ihn. In seiner Hosentasche fand ich nun einige Schlüssel. Ich nahm sie an mich und hoffte sie hätten eine besondere Bedeutung.

Zurück in den Flur und weiter auf der Suche nach den Geiseln. Auf der rechten Seite war eine weitere Tür.
Wir gingen darauf zu und lauschten angestrengt ob sich jemand in dem dahinterliegenden Raum befand. Einige Geräusche waren zu hören. Es war nicht erkenntlich ob es noch weitere Geiselnehmer sind oder die Geiseln selbst.

Wir wollten vorsichtshalber die Teleskopkamera einsetzen doch es gab keinen ausreichenden Türspalt am Boden um nach innen zu sehen. Geschützt vom Mauerwerk streckte ich meine Hand nach der Türklinke aus und drückte sie langsam und sachte herunter. Leider ging die Tür nicht auf. Sie war verschlossen. Ich holte die Schlüssel hervor, welche ich zuvor der dritten Leiche entwendet hatte. Es waren drei Schlüssel mit einem Anhänger. Von den dreien hoffte ich, dass einer passte.
Ich schaute sie mir etwas genauer an. Einer davon war eindeutig zu klein für das Türschloss. Blieben nur noch Nummer zwei oder drei. Meine Augen vielen auf den dritten Schlüssel und eine innere Stimme sagte mir, dass es der Richtige sei. Ich probierte Nummer Drei aus. Ohne auch nur das geringste Geräusch zu verursachen schob ich ihn in das Schloss. Soweit so gut immerhin ging er rein.

Der Moment war nahe und ich hielt den Atem an. Dann drehte ich ihn vorsichtig und langsam herum, immer darauf bedacht kein Geräusch zu machen. Der Schlüssel ließ sich weiter und weiter drehen und das Türschloss öffnete sich.
Auf mein Zeichen drückte ich die Klinke herunter und stieß die Tür weit auf. Mike und Mathis sicherten weiterhin den Hausflur ab.
Miguel gab mir sofort Deckung, aber zum Glück gab es keine Gegenwehr. Mit einem raschen Blick ins Zimmer konnten wir die Situation schnell erfassen. Der Raum war nicht sehr hell. Das einzige Fenster war mit Brettern vernagelt und lies nur wenig Licht eindringen. Der Boden des Raumes war völlig verschmutzt, von den Wänden bröckelte der Putz. Es hätte mich nicht gewundert, wenn es hier Ratten gäbe, schoss es mir blitzartig durch den Kopf.
Es war unerträglich heiß und stank nach allen möglichen Gerüchen.

In den wenigen Lichtstrahlen, die mittlerweile durch die mit Brettern vernagelten Fenster drangen, tanzte der Staub welcher in der Luft lag. An jeder Wand, rechts und links von uns stand jeweils ein Bett. Mehr gab es nicht.
An den Metallrahmen der Betten gefesselt, lagen die beiden Geiseln auf den Betten und sahen uns mit ängstlichen Gesichtern an. Miguel ging auf einen zu und sprach ihn auf Portugiesisch an. „Wie lautet ihr Name?". Dieser sah ihn nur weiter mit Angst verzerrtem Gesicht an. Dann sprach er auch den zweiten an. „Wir sind hier um sie nach Hause zu bringen. Geht es Ihnen gut soweit? Können sie laufen?" Auf einmal erhellte sich sein Gesicht, Hoffnung und Freude war in ihm zu sehen und die Augen strahlten. Der zweite gab immer noch keine Antwort von sich. Miguel sprach ihn abermals an. Doch dieser hatte immer noch die Augen halbgeschlossen und schien mit seinen Gedanken unendlich fern zu sein.
Über Funk gab ich Aiman nun Bescheid: „Beide Zielpersonen gefunden Abtransport einleiten".
Wir kümmerten uns so gut es ging um die Geiseln. Befreiten sie von ihren Fesseln und untersuchten sie oberflächlich nach möglichen Verletzungen. Dann bekamen beide eine Beruhigungsspritze verpasst um sie zu beruhigen und eine weitere um sie zu stärken. Uns sollte diese Vorgehensweise ermöglichen die beiden leichter von hier fort zubringen. Während wir uns um die Befreiten kümmerten und den Abzug vorbereiteten, fing Mike an den Streifschuss von Mathis zu verarzten.
Er schaute sich den Oberarm an und sagte: „Ist ja nur ein Kratzer" und grinste dabei von einem Ohr zum anderen. Holte aber dann doch die Notfall Tasche hervor.
Ein Streifschuss tut zuerst nicht wirklich weh. Der Schock steckt einen noch in den Gliedern und dazu noch das körpereigene Adrenalin im Blut. Eine gute Kombination um vorerst damit fertig zu werden.

Doch der Schmerz würde kommen.
Mike nahm eine kleine Packung aus seiner Taschen heraus und riss sie auf. Es war ein Pulver enthalten das sogleich auf die Wunde verstreut werden konnte. Sofort brodelte es regelrecht auf der Wunde und verschloss diese. Ein hoch wirksames Hämostyptikum, welches das Blut in der offenen Wunde gerinnen lässt. Geschickt legte er einen Notverband an und zu guter Letzt verabreichte er ihm auch noch eine Morphium Injektion. Das müsste fürs erste reichen, später konnte er sich ausführlicher verarzten lassen.
Für solche Fälle hatte die Firma ihre eigenen Ärzte. Es war nicht unbedingt notwendig in ein Hospital zu gehen wenn man eine Verletzung hatte. Zumal es garantiert unliebsame Fragen hageln würde.
Die Zeit verging und es dauerte nicht lange, da hörten wir auch schon den herannahenden LKW den Aiman vors Haus fuhr. Wir sahen zu, dass wir raus kamen und dann nichts wie weg von hier. Das Kugel Intermezzo war garantiert weit und breit zuhören gewesen. Um unnötigen Ärger vorsichtshalber aus dem Weg zu gehen, wollten wir auf keinen Fall der Polizei begegnen. Unsere Aktionen wurden nicht gerne gesehen und unsere Waffen waren auch ziemlich illegal, denn wir hatten keine Waffenscheine dafür. Miguel stützte die eine Zielperson und ich die andere. Mathis machte den Anfang, danach kamen wir hintereinander mit den Zielpersonen heraus. Wir stiegen direkt hinten auf die Ladefläche. Den Abschluss machte Mike, der neben Aiman vorne auf dem Beifahrersitz Platz nahm. Aiman fuhr nur wenige Meter, als aus dem Dickicht Tom und Igor heraus traten. Sie kletterten zu uns auf die Ladefläche und machten die Plane zu. Wir saßen dicht gedrängt nebeneinander. Verborgen vor den Augen der Öffentlichkeit fuhren wir zum Flughafen zurück.

Dort angekommen wurden die beiden Befreiten von einem Ärzteteam in Empfang genommen und untersucht. Ich sah in ihren Augen wie glücklich und froh sie waren wieder in Freiheit zu sein. Eine solche Geiselhaft hinterlässt immer seelische Spuren. Die Nachbetreuung der Geiseln und Angehörigen wurde nur durch speziell für diese Aufgabe ausgebildetes Personal durchgeführt, meist Psychologen die die Versicherungsagentur bezahlte. Ich hoffte, dass die beiden eine starke Persönlichkeit haben, die hoffentlich widerstandsfähig genug sei, ein derartig tiefgreifendes Trauma zu überwinden. Eine Geiselhaft kann unter Umständen zu einer Persönlichkeitsveränderung infolge extremer Belastungen führen.

Wir selbst stiegen in das wartende Flugzeug ein. Eine Frachtmaschine vom Typ Provider. Als die Maschine die Abhebegeschwindigkeit erreichte, fühlte sie sich plötzlich leicht an. Das rumpeln der Räder hörte auf, die Maschine legte sich zur Seite und stieg in den weiten blauen Himmel Brasiliens auf. Noch im Steigflug wurde Kurs auf São Paulo genommen. Der Job war erledigt und wir sind heil dabei weggekommen.

Zurück blickend auf die befreiten Personen kann ich nur eins sagen: „Exitus Acta Probat - das Ergebnis rechtfertigt die Tat". Nun ging es noch in die Zentrale zur aktuellen Lagebesprechung. Dort angekommen konnten wir uns erst einmal duschen und bekamen neue, schwarze Kampfoveralls. Frisch geduscht ging es dann zur Einsatzleitung um die wichtigsten Informationen zu übermitteln. Ich war nun todmüde und wollte nur noch schlafen, wusste ich doch dass es um 8.00 Uhr zur Nachbesprechung wieder in die Zentrale ging. Doch daraus wurde nichts. Nach der kurzen Besprechung schleppten mich die Jungs in eine Bar um dort mit mir meine sogenannte Feuertaufe zu begießen. Immerhin war ich der Neue im Team. Es wurde noch ein feucht fröhlicher Abend (Nacht).

Nach den Einsätzen

Nach jedem Einsatz gab es am darauf folgenden Tag eine Evaluation. Hierfür wurden alle relevanten und nicht relevanten Daten methodisch erhoben und systematisch dokumentiert, um die Untersuchung, das Vorgehen und die Ergebnisse nachvollziehbar und überprüfbar zu machen. Diese Besprechungen waren deshalb so wichtig, weil man im Nachhinein nicht mehr so exakt rekonstruieren kann, wie und was in welcher Reihenfolge abgelaufen ist. Vor allem deshalb, weil sich die Wahrnehmung durch das Adrenalin auf einen kleinen Ausschnitt der Gesamtrealität konzentriert hat.
Anwesend waren immer: Goldmann, der Geier, Mout der Psychologe, die Sekretärin von Goldmann, welche alles aufschrieb und der geheimnisvolle Mister X.
Die Teambesprechung wurde geleitet vom Geier.
Solche Besprechungen waren nötig, um Fehler in der Koordination der Aktion aufzudecken. Zuerst ließ er sich den ganzen Ablauf der Operation, von jedem einzelnen schildern. Ab und an stellte er mit seiner kühlen und zurückhaltenden Stimme eine Frage und notierte sich immer wieder einige Punkte dazu. Die ganze Teambesprechung wurde nicht nur schriftlich sondern auch digital aufgezeichnet. Sobald wir unsere Berichte beendet hatten, stand Mister X ohne ein weiteres Wort zu sagen auf, packte die digitalen Aufzeichnungen ein und ging seiner Wege.
Der Geier zerfetzte uns nach jeder Berichterstattung in Einzelteile. Niemand kam ungeschoren davon. Alles was wir im Einsatz getan hatten, galt von seiner Seite aus zu kritisieren. Er hielt uns immer wieder vor was wir in Zukunft besser machen müssen. Jede Rüge war uns eine Lehre und wir versuchten es beim nächsten Mal besser zu machen. Wir brauchten dafür nicht lange warten, mussten wir doch schon am nächsten Tag dies auch unter Beweis stellen.

Um 8.00 Uhr in der Früh, am darauffolgenden Tag traten wir zu einer Übung an. Eine solche Übung fand jedes Mal nach einem Einsatz statt. Das letzte Einsatzszenario wurde noch einmal, auf unserem Trainingsgelände, ansatzweise nachgespielt. Allerdings mit kleinen Veränderungen.
Der Geier hatte wie immer eine Überraschung für uns, dass wussten wir schon aus unseren anderen Trainingsstunden. Gespannt warteten und suchten wir bei jedem Schritt nach einer Veränderung der Umgebung. Wir hatten es fast geschafft und kamen, wie zuvor bei der letzten Operation, mit unseren befreiten Geiseln aus dem Haus. Deckung gaben uns auch diesmal unsere anderen drei Teammitglieder, mit ihren Scharfschützengewehren. Wir traten mit den Geiseln ins Freie um nun den Rückzug anzutreten und gaben ihnen mit unseren Körpern Deckung, wohlwissend, dass der Geier bestimmt noch etwas im Petto hatte. Nie ließ er uns ungeschoren davonkommen.
Als auch schon im nächsten Moment, wie aus dem Nichts, genauer gesagt, mitten aus dem Boden heraus ein getarnter Entführer erschien und sofort auf uns schoss. Er hatte sich vor der Hütte im Boden eingegraben und sich solange unter der Erde versteckt bis wir mit den Geiseln aus dem Haus kamen. Er schoss sofort und hatte uns mit seiner Aktion überrumpelt. Zwei von uns wurden getroffen, noch bevor Igor ihn ausschalten konnte. Mit Farbe markiert standen wir nun da und sahen das grinsende Gesicht des Geiers auf uns zukommen. Er sagte nichts, sondern wartete bis die anderen drei auch da waren. Während wir auf die anderen warteten, kam mir der Gedanke, dass dies schon ziemlich unfair war vom Geier. Zumal welcher Entführer verbuddelt sich vor dem Gebäude in dem die Geiseln sind. Zumal welcher halbwegs Normale macht so etwas. Nun schaute er uns der Reihe nach an und sagte: „Ihr müsst auf alles vorbereitet sein, selbst auf das Unmögliche und entscheidungsfreudig sein, sonst werdet ihr sterben.

Das Geheimnis der erfolgreichen Geiselbefreiung, einer leichten oder schwierigen, einfachen oder komplizierten, besteht darin, dass man auf entschlossene Teammitglieder zählen kann. In der Tat gibt es keine leichten Einsätze, denn jeder Einsatz muss mit den gleichen Vorkehrungen durchgeführt werden, die man bei den schwierigsten trifft, angefangen bei der Auswahl der Teammitglieder. Diese müssen entscheidungswillige und fähige Leute sein, die ihre Eigenschaften einmal unter Beweis gestellt haben.
Es kann schon vorher gesagt werden, ob eine Aktion erfolgreich sein wird oder ob sie fehlschlägt, wenn man in der Vorbereitungszeit die Verhaltensweisen der ausführenden Teammitglieder beobachtet. Wenn sie zu spät kommen, Kontakte verlieren, leicht zu verwirren sind, Dinge vergessen und niedrigste Arbeitsnormen nicht erfüllen, handelt es sich möglicherweise um wenig entschlossene Menschen, die Schaden anrichten können. Es ist besser, sie nicht in die Aktion einzubeziehen. Sich entscheiden zu können, bedeutet Entschlossenheit, Kühnheit und nicht zu erschütternde Standfestigkeit bei der Durchführung des vorgesehenen Plans".
Dann drehte er sich um und ging.

Psychologische Betreuung

Dann kam die Teamsitzung mit dem Psychologen Alex Mout. Im Kreise des Teams sollten wir darüber reden was wir beim Einsatz empfunden hatten. Und wie wir uns fühlten wenn der Auftrag erledigt war. Dies sollte uns helfen das Erlebte zu verarbeiten und das Team noch mehr zusammen zu schweißen. Solche Einsätze könnten leicht zu einer posttraumatischen Belastungsstörung führen und niemand kann einem sagen was es möglicherweise in einem auslöst oder bewirkt. Ein jeder musste später dann noch zum Einzelgespräch. Die Firma war redlich bemüht um unsere Psyche. Es ging vor allem darum, den „Pakt des Schweigens", der über solch Erlebnissen liegt, aufzubrechen. Traumatische Erfahrungen schon frühzeitig zu behandeln und zu begreifen, dass sich an den negativen Gefühlen und Erinnerungen etwas ändern lässt, bevor das traumatische Wiedererleben von Extremsituationen sich in Flashbacks sowie Abstumpfung, Gefühle von Taubheit und Distanzierung äußert.
Ich fand diese Gespräche sehr hilfreich. Musste doch jeder selbst mit den Gedanken leben, um Gutes zu tun musst du etwas Schlimmes machen. Der ethische Aspekt unserer Operationen, nicht nur die Frage der Legalität, sondern vor allem die der moralischen Berechtigung, die Geiselnehmer vorsätzlich mit allen Mitteln auszuschalten, ist eine Frage deren Beantwortung in einem selbst liegt. In Teamsitzungen hatten wir ausführlich über diese Themen gesprochen. Niemand von uns zweifelte offensichtlich auch nur einen Augenblick lang, an unserem moralischen Recht, viel mehr sahen wir es als unsere moralische Verpflichtung an, zu diesen Aufträgen und deren Durchführung. Natürlich kam bei mir zu Anfang der Zweifel auf ob das alles seine Richtigkeit hat. Suche ich nur nach Ausreden, fragte ich mich.

Ist das alles nicht bloß eine scheinheilige Rechtfertigung, von der ich genau weiß, dass sie verwerflich ist. Es gibt plausible Gründe warum ich dies genauso ausführte wie ich es tat und auch mit der Vorgehensweise einverstanden war. Auf jeden Fall stärkten diese Sitzungen mit dem Psychologen unser Team, schweißten uns regelrecht immer mehr zusammen.
Im Anschluss der Gesprächssitzung gab Alex jedem Einzelnen noch hier und da einige Ratschläge.
Nachdem man erst einmal einen Menschen getötet hat, fällt es einem zunehmend leichter es wieder zu tun.
Der Tod verliert seinen Schrecken. Ich brauchte mich von da an nicht erst irgendwie vorbereiten oder in einen bestimmten Zustand versetzen. Nein ich sehe den Feind und töte ihn bevor er mich tötet oder einen meiner Kameraden. Doch so leicht wie einem das Töten dann fällt, so bleiben doch die Erinnerungen daran zurück. Gelegentlich besuchten sie mich in meinen Träumen, die so lebendig waren, das ich im Nachhinein genau beschreiben konnte was der Einzelne an hatte.

Andere Aufträge - Kirche

Die Bemühungen um die Freilassung eines in Peru verschleppten katholischen Bischofs dauerten an.
Die zuständigen Behörden kamen keinen Schritt weiter in dieser Angelegenheit. Wir wurden nun gebeten alle nötigen Vorbereitungen zu treffen, um die erwähnte Zielperson zu evakuieren. Es dauerte nicht lange als uns bei den Vorbereitungen die Meldung erreichte, dass wir aus dem Spiel waren. Goldmann kam zu uns und teilte uns mit den folgenden Worten die Neuigkeiten mit: „Details sind nicht wichtig, doch ganz einfach gesagt: es wurde Kritik an unserer Vorgehensweise geübt. Ganz oben hat man sich um entschieden und schickt nun ein anderes Team hin. Dieses Team soll dann Vorort die ganze Aktion selber durchführen. Das Gesagte hat mehr mit der Zielperson zutun und man traut ihnen die Befreiungsaktion eher zu. Wir werden nicht umhin kommen das andere Team zu unterstützen, allerdings nur in der Vorbereitungsphase."
Natürlich machten wir uns Gedanken wer das andere Team ist. Eventuell der Vatikan, Special Forces oder Mitglieder des Jesuiten Ordens. Die ja für ihre extrem päpstliche Treue sowie geheimdienstliche Tätigkeiten bekannt sind. Nun wir waren nicht sehr überrascht als wir das andere Team zu Gesicht bekamen. Sie sahen aus wie wir, nur mit dem kleinen Unterschied, jeder trug eine Kette mit einem Kreuz am Hals. Ich war weder enttäuscht noch war ich froh, dass wir diesen Job nicht bekamen.
Immerhin hatte ich nun nach zwei Jahren an 18 dieser Evakuierungsmissionen mitgewirkt und das sehr erfolgreich, wir hatten nie eine Geisel verloren und ein jeder von uns kam mehr oder weniger unbeschadet von den ganzen Einsätzen zurück.

Letzter Auftrag

Das Telefon klingelte am Montag um 8:00 Uhr in der Früh, doch ich war schon seit einer Stunde wach. Die letzte Nacht war etwas unruhig gewesen und deshalb fühlte ich mich noch etwas schläfrig. Ich nahm das Handy zur Hand und nahm das Gespräch mit einem Tastendruck an. Als ich die Stimme von Goldmann in meinem Ohr hörte, war ich sofort hell wach und sprang zugleich mit einem Satz aus dem Bett.
Die Schläfrigkeit war wie weggeblasen und ich hörte angestrengt zu. „Chris sind sie bereit, sie werden in zwei Stunden abgelöst und dann in die Agentur zur Einsatzbesprechung gebracht". Kaum hatte er den Satz ausgesprochen hatte er auch schon wieder aufgelegt. Er war wie immer kurz angebunden. Ich blieb noch etwas liegen und sah mich im Zimmer um. Trotz der gemütlichen Einrichtung hatte es die sterile Atmosphäre eines Hotelzimmers.
Doch mir war das gleichgültig, wie der Raum aussah. Ich hielt mich ja nicht viel darin auf. Für mich war es nur ein Ort zum Schlafen und zum Umziehen. Ok, dachte ich und ging erst einmal duschen, genau das brauchte ich jetzt. Als ich dann mit meiner morgen Toilette fertig war, zog ich meinen schwarzen Overall an. Dann packte ich mein Spielzeug aus, überprüfte die Funktionalität und legte alles in eine Segeltuchtasche. Ich schaute auf meine Armbanduhr und sah dass es nun bald soweit war. Jetzt wohlweislich zog ich zum Schluss meine kugelsichere Weste über. Dies beruhte aus Erfahrung, denn sobald man hier in diesem Land das Gelände verlässt, besteht immer die Gefahr eines Überfalls. Als ich fertig angezogen war ging ich erst einmal zu meinem Kollegen hinaus vor die Villa. Ein Rasensprenger verteilte wedelnd sein Wasser wie leichten Regen auf grünem Gras. Ich teilte Ihnen mit das in fünf Minuten meine Ablösung kommt.

Sofort witzelte Peres mein Kollege herum: „Na, mal wieder in geheimer Mission unterwegs?" .Wir wechselten dann noch einige Worte, als auch schon das Taxi aufs Grundstück gefahren kam.
Mit einem Augenzwinkern verabschiedete ich mich und drehte mich dem heranfahrenden Taxi zu. Das Taxi fuhr vor die Villa am Haupteingang und Steve, meine Ablösung stieg aus dem Wagen aus. Er sprang immer für mich ein, wenn die Agentur einen besonderen Job für mich hatte. Ich reichte ihm die Hand, betrieb etwas Smalltalk mit ihm und stieg in das wartende Taxi ein. Nun also fuhr ich direkt zur Agentur und war schon gespannt was das taktische Analyseteam wohl wieder für einen neuen Auftrag hatte.

Nach etwa 30 Minuten traf ich in der Agentur ein. Wie immer standen zwei bewaffnete Sicherheitskräfte mit kugelsicheren Westen vor dem Gebäude. Mittlerweile kannten sie mich und ließen mich mit einem Wink ins Gebäude eintreten. Ein weiterer Sicherheitsmann saß hinter einem Empfangstresen und nickte mir zu. Mir war bekannt, dass er immer eine Hand am Abzug einer Maschinenpistole hatte sobald eine Person den Empfang betrat.
Mit dem Fahrstuhl fuhr ich in den dritten Stock. Auf dem Flur sah ich Aiman und Igor miteinander lachen. Sie hatten wohl auf mich gewartet. Sie nickten mir zu und gingen mit mir in den Konferenzraum. Die Tür vom Konferenzraum stand einen Spalt weit offen als wir gemeinsam auf sie zugingen. Ich betrat mit ihnen den Konferenzraum und sah alle anderen anwesenden. Müller, Ford und McNeal vom taktischen Analyseteam saßen vor ihren Computern an ihren Arbeitstischen. Sie blickten nur kurz auf und nickten uns zu. Miguel, Mike, Mathis sowie Tom standen am Einsatzbesprechungstisch herum und diskutierten mit Mister X. Wir begrüßten uns kurz aber herzlich. Goldmann stand am Fenster und studierte einige Fotos.

Von Unruhe getrieben kam er dann zum Tisch und schlug eine vor ihm liegende Mappe auf. Auf dem Tisch waren die Gegenstände wie immer mit einer militärischen Präzision angeordnet. Notizblöcke, Bleistifte, Landkarten und Fotos sowie Aktenunterlagen waren ausgebreitet.

Goldmanns Stimme war wie üblich von ruhiger und kalter Gelassenheit und doch sah man in seinen Augen etwas anderes. Er war sichtlich ziemlich nervös. Bloß warum?

Nun das sollten wir gleich erfahren. Es dauerte nicht mehr lange und er klärte uns auf: „Meine Herren, dieser Auftrag Bedarf höchster Priorität und ihre komplette Aufmerksamkeit. Es geht um drei Kinder, zwei Jungs und ein Mädchen.

Sie waren mit ihren Eltern auf der Urlaubsrückreise von Kolumbien nach Brasilien als die drei Kinder entführt wurden. Hier die Fotos der Kinder". Er legte mehrere Fotos auf den Tisch.

Jeder konnte von uns die Gesichter der drei Kinder erkennen. Es waren fröhliche Gesichter und sie waren noch sehr jung (7 - 11 Jahre).

Keine Gefühlsregung war in unseren Gesichtern zu sehen, während wir eine Aufnahme nach der anderen aufmerksam betrachteten. „All unsere neuesten nachrichtendienstlichen Berichte deuten darauf hin, dass es sich bei den Entführern um eine nicht allzu große Guerilla-Kämpfer-Einheit der FARC, ca. 6 bis 8 Mann stark handelt.

Die FARC finanzieren sich hauptsächlich aus Lösegeldzahlungen und dem Drogenhandel. Sie sind die größte Guerilla Gruppe in Kolumbien mit weitreichenden Beziehungen bis hin in die Politik. Seit der Zerschlagung der beiden großen Drogenkartelle Ende der 1990er Jahre hat die FARC-EP ihre Aktivitäten im Zusammenhang mit der Kokainproduktion in den von ihren Kämpfern kontrollierten Zonen des Landes verstärkt. Früher boten sie lediglich Hilfs- und Schutzleistungen für die Drogenproduzenten an.

Heute hat die FARC-EP nach Regierungsaussagen selbst damit begonnen, unter Eigenregie Koka in einigen Teilen Kolumbiens anzubauen und eigene Labore für die Weiterverwertung zu betreiben. Paramilitärische Gruppen haben sich auf Entführung spezialisiert. Nun wissen Sie wer ihr Gegner ist.

Bewahren sie sich Fragen und Bemerkungen für nachher auf." Damit reichte er weitere Fotos an uns weiter. Auf den Fotos waren bewaffnete Männer in Kampfuniform zu sehen. Goldmann fuhr in seiner Ausführung fort: „Obwohl operative Erkenntnisse dieser Art schwer zu beschaffen sind ist es dem Informationsteam von Mister X gelungen. Den Informationen zufolge ist uns mittlerweile bekannt wo sich die Entführer mit den Geiseln aufhalten". Mister X hatte anscheinend einen sehr mächtigen Apparat zur Verfügung, der es ihm erlaubte uns hervorragende Informationen zukommen zu lassen, dachte ich mir. „Die Lösegeldsumme ist waghalsig hoch" fuhr Goldmann seinen Bericht fort. „Des Weiteren sind die Kinder von einer Person die gute Beziehungen nach oben pflegt. Unser Auftraggeber nimmt deshalb zuerst uns in Anspruch bevor er es in Erwägung zieht zu bezahlen. Es liegt auch daran das bis dato noch nichts an die Öffentlichkeit gekommen ist.
Also stehen wir unter Zeitdruck. Wir haben einen schwierigeren Job zu erledigen".

Wenn Goldmann seine Reden und Berichte hielt hatte man immer das Gefühl wir wären alle ein Team. Er betonte das Wort wir so gerne und das machte seine Ansage immer etwas unglaubwürdig. Aber es war nicht nur die Betonung des Wortes, wir wussten mittlerweile aus Erfahrung, dass Goldmann ein Schweinehund war und wenn er es für nötig hielt ging er auch über Leichen. Nun wir taten dies zwar auch, aber nicht mit den Leuten mit denen wir zusammen arbeiteten.

„Zum Abschluss noch folgendes" sprach Goldmann weiter. „Seit auf der Hut wenn ihr zuschlagt, diese FARC Typen kauen gerne Kokablätter. Dies lässt sie noch in den frühen Morgenstunden hellwach sein und sie sind dann noch dazu schmerzunempfindlich. Also spielt nicht rum mit Ihnen und versucht sie anders auszuschalten als sonst immer. Merkt euch, wir haben kein Interesse an Gefangenen, oder Informationen, es sei denn sie nutzen der erfolgreichen Durchführung der Evakuierungsmission. Gewalt wird gezielt eingesetzt, unter gar keinen Umständen darf es zu Kollateralopfern kommen. Vermeidet jeglichen Kontakt zu Polizei, Militär oder anderen paramilitärischen Gruppierungen. Mit diesen Worten endete seine Rede und er drehte sich zum Geier um. „David sie übernehmen jetzt" damit endete Goldmanns theatralisches Gerede. Der Geier ging mit uns die wichtigsten Punkte der bevorstehenden Operation durch. Danach folgten personenbezogene Instruktionen. Jeder hatte nun seinen kleinen persönlichen Auftrag erhalten. Und trotzdem war uns allen auch klar, dass diese Gespräche zum gegenwärtigen Zeitpunkt nichts endgültig festlegen konnten. Laut unseren Erfahrungen sah die Lage vor Ort immer etwas anders aus, als auf der Landkarte in der Operationsabteilung. Wir konnten keine abschließende Entscheidung über unser Vorgehen treffen, ehe wir nicht das Zielgebiet aus der Nähe sahen. Kurz gesagt, wir lebten in einem seltsamen Zwischenstadium, das vielen Operationen voraus ging. Wir hatten alle relevanten Informationen für den kommenden Einsatz erhalten.
Die Planungsphase der Operation lag nun hinter uns und in Anbetracht der Informationen, waren wir gut vorbereitet. Unterdessen wir unsere Ausrüstung checkten, wurde alles für den Flug vorbereitet. Wie immer waren wir sieben Mann, wie immer gleich bekleidet und sahen in unserer Einsatzkleidung ausgesprochen gefährlich aus.

Da unser Ziel im Dschungel war, galt es nun noch prophylaktisch die Malariatablette zu schlucken. Als ich meine geschluckt hatte wurde mir entsetzlich schlecht.
Vielleicht hätte ich es als eine Art Vorwarnung betrachten sollen. Unsere Gesichter waren hart und die Augen spähten wachsam umher. Jeder spürte was nun auf ihn zukommen würde. Von nun an warteten wir nur noch darauf, dass es endlich losging. Wir hatten unsere persönlichen Vorbereitungen abgeschlossen. Zeit verging und wir machten uns fertig für den Flug, denn nun ging es los.

Letzter Abflug

Einer nach dem anderen gingen wir die Rampe hinauf um in den Rumpf der Maschine zu gelangen. Im Flugzeug war jetzt nur noch das reflektierende Licht der Bogenlampen über dem Portal des Hängers sichtbar. Sobald die Rampe hochgezogen würde, sitzen wir gleich im Dunkeln, schoss es mir zwangsläufig durch den Kopf. Ich drehte mich um und sah Kisten mit Ausrüstungsgegenständen die auf dem Boden an den Wänden festgezurrt waren. Wir saßen nun nebeneinander in der Frachtmaschine. Das Flugzeug würde uns in die Nähe unseres Einsatzgebiets bringen. Von draußen kam das hohe Surren der Startermotoren die die Triebwerke drehten, bis sie endlich hustend zu rotieren begannen. Die Maschine war halt nicht mehr die Neueste, doch sie flog. Die Motorengeräusche schwollen immer mehr an und die Heckrampe hob sich, verdunkelte den spärlichen Lichtschimmer der Basis gänzlich und schloss sich dann mit metallischem Getöse. Im Rumpf der Maschine war es nun ziemlich dunkel nur kleine rote Lämpchen gaben uns die Möglichkeit etwas zusehen.
Wir lehnten uns mit den Fallschirmen auf den Rücken gegen die Wand und hielten unsere bis zu 40 Kilogramm schweren Rucksäcke auf dem Schoß, als die Maschine sich anfing zu bewegen. Dröhnender Lärm brach los, als der Pilot und sein Copilot anfingen die Triebwerke und Klappen zu testen.
Die Maschine rollte auf dem Asphalt langsam in die Mitte der Startbahn. Der Pilot zog die Leistungshebel ganz zurück.
Die Triebwerke heulten auf, die Maschine machte einen Satz vorwärts und beschleunigte. In nur wenigen Sekunden hatte das Flugzeug abgehoben, sie stieg steil in die Höhe und das Triebwerksgeräusch reduzierte sich zunehmend. Mittlerweile hatte die Maschine ihre endgültige Flughöhe erreicht. Die nächsten Stunden hing ein jeder seinen Gedanken hinterher. Wir mussten zwischenlanden um neu aufzutanken.

Jeder kontrollierte noch mal seine Ausrüstung. Zog die Gurte so stramm an das es einen fast die Luft nahm. Aber bei dieser Fallgeschwindigkeit durfte auch wirklich nichts verrutschen, dies hätte fatale Folgen gehabt. Die Zeit verrannte und jeder von uns hing seinen eigenen Gedanken nach. Der eine oder andere machte einen Witz, um die Stimmung etwas aufzuheitern. Ich selbst dachte nun an den bevorstehenden Absprung. Hatte ich doch jetzt schon viele Sprünge hinter mich gebracht, doch jedes Mal wenn es soweit war, fühlte ich ein gewisses Kribbeln in mir das sich langsam ausbreitete. Und doch freute ich mich auf den Sprung. Es ist immer wieder ein großes Erlebnis, so zwischen Himmel und Erde dahin zu schweben. Die Geschwindigkeit Ist berauschend und der Ausblick unbeschreiblich, wenn es nicht gerade dunkel ist.

Jetzt war es soweit. Über das Bordfunksystem kam die Stimme des Piloten direkt in unsere schwarzen Helme: „Absprung in den nächsten 30 Sekunden". Die Absprunghöhe lag bei etwa fünftausend Meter. Die Reihenfolge des Absprunges war im Vorfeld festgelegt. Wir überprüften unsere Funkgeräte, Mathis bestätigte noch einmal unsere primäre Abholstelle und legte dann eine Zeitfrist von einer Stunde für den Ausweichpunkt fest. Der Evakuierungspunkt und ein zweiter Ausweichpunkt waren leicht für uns zu erreichen. Falls der Hubschrauber uns aufgrund von Feindeinwirkung nicht erreichen konnte, wollten wir uns nach Südosten weiter durchschlagen. Es wäre zwar ein längerer Marsch, etwas mehr als 8 Kilometer, aber die Topografie wäre dabei auf unserer Seite.
Wenn wir nach einer Stunde aber nicht am Ausweichpunkt angekommen waren, war davon auszugehen, dass wir tot sind.
Wir stellten uns der Reihe nach auf. Ein letzter Blick auf die Ausrüstung. Ein letztes zurren an den Gurten. Alles war ok. Dann erfolgte das Zeichen des Copiloten zum Aussteigen.

Die hintere Ladeklappe senkte sich mit dumpfem metallischem Dröhnen und die Zugluft war in der Kabine zu spüren.
Wie immer fuhr die hintere Ladeklappe nicht vollständig aus, wenn sich die Maschine in der Luft befand. Der Luftstrom unter dem Flugzeugrumpf ist so stark, dass die Hydraulik der Ladeklappe nicht genug Kraft hat, um sie vollständig auszufahren und in dieser Stellung einzurasten. Somit war die Ladeklappe wieder einige Zentimeter nach oben gerichtet. Es stank nach Öl und Treibstoff. Ich spähte hinaus ins Leere. Doch da war nichts außer wirbelnde Dunkelheit, eine eisige Kälte sowie dröhnender Lärm der Maschine.
Nach einer gegenseitigen Kontrolle die durch die Reihe ging, legten wir uns die Hände auf die Schulter. Hintereinander sprangen wir im Sekundentakt in die Dunkelheit hinaus.
Ich konzentrierte mich auf das was ich während der Ausbildung gelernt hatte.
Aiman war der erste, machte einen Schritt vorwärts, beugte sich nach vorne und war augenblicklich verschwunden. Ich folgte ihm im Sekundenabstand. Beim Absprung spürte ich die heiße Abluft der Triebwerke und roch den sauren Gestank verbrannten Kerosins. Wäre der Abstand größer, würden wir so weit voneinander entfernt sein, das wir uns in der Nacht nur schwer wiederfinden würden.
Im nächsten Augenblick war alles anders. Sofort war der Lärm verschwunden, das Dröhnen der Motoren, es war vorbei.
Die Stille der Nacht umgab mich, unterlegt nur vom sanft anschwellenden Rauschen des Windes, als mein fallender Körper in die Tiefe beschleunigte.
Ich spürte, wie der Sog der weiter fliegenden Maschine mich umdrehen wollte, mir die Füße über den Kopf zog und mich auf den Rücken drehte und ich wehrte mich dagegen. Ich schaute hinunter und sah eine dunkle Gestalt tief unter mir.
Aiman fiel in Seesternposition, die Fäuste geballt, Arme und Beine halb gespreizt, um die Fallgeschwindigkeit zu bremsen.

Ich wusste dass Tom dicht hinter mir sein würde, während die anderen vier eine Kette in den Himmel hinauf bildeten. Tom erschien neben mir, die Arme an den Körper gepresst. In der Pfeilposition konnte er seine Fallgeschwindigkeit steigern, dies brächte ihn näher an mich heran. Wir fielen in einer ungefähren Staffelformation und die anderen vier kamen nacheinander zu uns hinzu.
Mit einem Tempo von gut und gerne 200 Stundenkilometer stürzten wir der Erde entgegen. Ein Sprung, wie immer ins Ungewisse. Solche Nachtsprünge sind nicht gerade ungefährlich, aber es gab halt keine andere Möglichkeit, als um diese Uhrzeit zu springen. Wir wussten nie was oder wer uns dort unten erwarten würde oder gar ob wir lebend am Boden ankommen würden. Der freie Fall war nach wenigen Sekunden vorbei.
Aiman, der als Erstes gesprungen war, hatte die Aufgabe voraus zu gleiten, um eine möglichst günstige Landezone zu finden. Aiman war jetzt ein kleines Stück weit unter mir und suchte den Boden ab der ihm entgegen rauschte.
Wir übrigen hatten mittlerweile eine leicht, zueinander versetzte Formation eingenommen und versuchten uns nicht aus den Augen verlieren. Ich sah wie Aiman unter mir die Metermarke erreichte und sein Schirm aufblühte.
Dann zeigte mein Höhenmesser die 1500 Meter Marke an. Ich hatte die erforderliche Höhe erreicht und zog dann die Reißleine.
Ich spürte, wie sie durch ihre Kanäle schoss und sich der Container auf meinem Rücken öffnete. Der Hilfsschirm wurde von seiner Sprungfeder weggeschnellt und zog den Hauptschirm und seine Tasche nach oben. Ich wappnete mich für den Ruck, wenn sich der Hauptschirm öffnete und sich meine Fallgeschwindigkeit von etwa 200 Kilometern auf eine Sinkgeschwindigkeit von 6 Metern pro Sekunde verlangsamte. Ich holte tief Luft und hielt den Atem an.

Im Luftstrom riss es den Fallschirm aus seiner Verpackung hinaus, sodass er sich auf spreizte. Sofort spürte ich den Ruck mit dem mich der Fallschirm zurück nach oben riss, so mag es sich jedenfalls anfühlen, aber in Wirklichkeit bremste es nur meine Fallgeschwindigkeit ab. Als ich bei achthundert Meter ankam löste ich den Rucksack welcher vor meiner Brust hing. Er hing nun an einem drei Meter langen Seil an mir herunter und behinderte mich nicht mit seinem Gewicht und Volumen während der Landung. Wir landeten ziemlich problemlos.

Mit unserem Lenkfallschirm der Firma Para Flite konnten wir fast zentimetergenau auf den Punkt landen. Voraussetzung dafür war natürlich, man beherrsche es. Aiman war der Erste von uns, welcher gelandet war und gab uns augenblicklich Feuerschutz. Im nächsten Moment war ich soweit.
Ich zog kraftvoll an den Steuerleinen, um die Luft aus meinem Schirm abzulassen, und landete mit beiden Füßen fest zusammen am Boden. In nur wenigen Sekunden löste ich mit dem Trenngriff das Gurtzeug, legte es neben den Gleitschirm auf den Boden. Drehte mich herum und fing an den Schirm schnell zusammenzuraffen Ich benötigte nicht länger als ca. 90 Sekunden und war bereit zum Aufbruch.

Gleich nachdem die Anderen gelandet waren, rafften sie genauso die Schirme zusammen. Dann bildeten wir einen Halbkreis und richteten unsere Waffen in alle Himmelsrichtungen.
Es war dunkel und absolut still hier, ein nahezu spürbares Gefühl der Einsamkeit nach alldem Fluglärm an Bord der Maschine. Dann suchten wir eine Möglichkeit, die Fallschirme einiger Maßen sicher verschwinden zu lassen. Niemand sollte sie vorzeitig finden, das würde nur dazu führen, dass man auf unsere Anwesenheit aufmerksam würde.

Zusammen gerollt und klein verpackt, versteckten wir sie im nahen Unterholz und bedeckten zum Schluss alles mit Ästen und Blattwerk. Sobald wir tief genug im Wald waren machten wir erst einmal Halt, um uns zu orientieren. Tom faltete eine laminierte Karte auseinander. Dann steckten wir unsere Köpfe zusammen und besprachen die weitere Vorgehensweise. Im Schein des roten Taschenlampenlichts begannen wir mit der Situationsanalyse: Wo sind wir? Wo müssen wir hin? Liegen wir gut im Zeitplan? Ausrüstung ok? Per PDA GPS ermittelten wir unsere eigene Position und kamen zu den Schluss dass wir genau am gewünschten Ort waren. Über SAT Telefon gaben wir der Zentrale unsere genaue Position und Einsatzbereitschaft bekannt. Wir bekamen die Antwort, dass der Status quo immer noch gilt und der Einsatz dem Plan entsprechend ausgeführt werden soll.

Tom übernahm die Vorhut und Igor die Nachhut. Vorsichtig mit entsicherten Waffen und aufgesetzten Nachtsichtgeräten gingen wir mit unseren schweren Kampfstiefeln los und gaben uns gegenseitig Deckung. Einer nach dem anderen drangen wir mit jedem Schritt tiefer in das feindliche Gebiet vor. Angespannt in die Nacht lauschend nahmen wir jedes Geräusch in uns auf. Es herrschte eine gespenstische Stille, nur gelegentlich unterbrochen von dem Schrei eines nachtaktiven Tieres. Immer wieder mussten wir in Bruchteilen von Sekunden entscheiden ob von einem Geräusch eine Gefahr ausging oder nicht.

Nach ca. einem Kilometer hielten wir kurz inne und machten die Nachtsichtgeräte wieder aus. Wenn man das Gerät allzu lange aufbehält wurde die natürliche Nachtsicht beeinträchtigt, genauso wie die Fähigkeit, Entfernungen korrekt einzuschätzen.

Später vor Ort würden wir sie nötigenfalls wieder einsetzen. Und weiter ging es im Plan. Jede Zeitverzögerung, und sei sie noch so klein, könnte unseren Zeitplan jedoch gefährden. Bis zum Zielgebiet waren es noch gut einige Kilometer durch unabwägbares Territorium und dort angekommen mussten wir unbedingt weitere Zeit einplanen, um uns in einem Versteck vorzubereiten. Noch hatten wir Zeit, aber die Nacht war jung und keiner konnte wissen, wie viele Hindernisse sich uns letzten Endes bis zum Einsatzgebiet noch vielleicht in den Weg stellen würden.
Doch vor allem wollten und mussten wir vor Sonnenaufgang da sein. Trotz unserer Strategie musste die Möglichkeit berücksichtigt werden, dass die Informationen über unser Ziel nicht mehr aktuell sind. Deshalb sah unser erster taktischer Schritt es vor, dass wir das Zielobjekt erst einmal auskundschaften und beobachten würden, um genaue Informationen über unseren Gegner und deren Stärke sowie die Umgebung zu bekommen.
Unser taktisches Analyseteam hat zwar immer wieder hervorragende Informationen im Vorfeld der Operation erhalten und Gott alleine weiß woher sie diese immer her hatten.
Mir fiel dazu immer Mister X ein.
Bis wir nun am Zielobjekt waren, ist viel Zeit verstrichen und die Informationen vom Analyseteam könnten somit dann überholt sein. Die Situation verändert sich von Minute zu Minute. Bevor wir nun wirklich die Geiseln befreien und zuschlagen konnten, war es zwingend notwendig, auf den neuesten Stand der Informationen zu sein.
Unsere Priorität bestand darin, zu erfahren wie die Umgebung genau aussieht. Wie viele Geiselnehmer wirklich anwesend sind, sowie mögliche Bewaffnung. Vor allem wo befinden sich die drei Pakete und in welchem Zustand befinden sie sich.
Je mehr Informationen wir hatten, umso einfacher würde die Ausführung des Auftrages sein.

Eine solche Operation konnte zwar überall vorbereitet, aber erst in letzter Minute an Ort und Stelle in Gang gesetzt werden. Bei diesen Einsätzen mussten Ad-hoc-Entscheidungen getroffen werden. Umso wichtiger ist es, basierend auf der kühlen Analyse zurückliegender Fälle, Fehler in künftigen Gefahrenlagen zu vermeiden.

So manchen kurzen Zwischenstopp nutzten wir, um uns mit den Nachtsichtgeräten einen Überblick von dem Terrain zu verschaffen das wir gerade überquerten. Aber auch um eventuell mit dem GPS die Richtung neu zu definieren - zu kontrollieren. Es war 4.00 Uhr in der Früh als wir ohne Zwischenfälle zu Fuß am Zielobjekt ankamen.
Wir hatten ein Zeitfenster von 90 Minuten um die Geiseln zu befreien und mit ihnen zum Landeplatz zu kommen, wo uns dann ein Hubschrauber abholen werde. Unseren Informationen zufolge soll es ein Haupthaus und ein kleines Nebengebäude geben, so wie einen kleinen Stall. Nun das stimmte soweit. Auf leicht abschüssigem Gelände und aus unserer Deckung heraus, sahen wir uns das Terrain an und suchten nach einer Möglichkeit, unbemerkt an die Häuser heran zu kommen. Wir observierten die Gebäude und hielten Ausschau nach Besonderheiten jeglicher Art. Wir konnten dann im Verlauf der Observation feststellen, dass keine besonderen Sicherheitsvorkehrungen auf dem Gelände, sprich an den Gebäuden von Seiten der Geiselnehmer zu sehen war.

Wir besprachen unsere weitere Vorgehensweise und zum Schluss legten wir den Fluchtweg fest.
Aiman, Tom und Igor suchten sich eine geeignete Stelle, von der aus sie einen guten Überblick auf das Terrain hatten. Sie würden uns mit ihren Scharfschützengewehren den Rücken decken. Sie würden aus der Entfernung jeden auf dem Gelände töten, damit wir in die Gebäude vordringen konnten.

Wir warteten und erst als sie uns mitteilten dass sie in Position waren, gingen wir vier nach Plan weiter vor. Mittels eines lasergesteuerten, auf einem Stativ montierten, elektronischen Überwachungsgerätes, wollten wir herausfinden, wie viele Geiselnehmer sich im Gebäude aufhielten. Eventuell konnten wir dadurch auch gleich ermitteln wo die Geiseln untergebracht waren.

Miguel schaltete das Gerät ein und tastete mit dem Laser ein Fenster ab, welches im Dunkeln lag. Mit dem Laser gingen wir ein ziemliches Risiko ein entdeckt zu werden, denn wenn der Laserstrahl durchs Fenster auf einen Gegenstand traf, könnte man ihn im Raum sehen. Doch es ging nicht anders. Wir mussten die Stärke unseres Gegners kennen, wenn wir ihn erfolgreich bekämpfen wollten. Leider ergab diese Vorgehensweise keine schlüssigen Informationen, auch als wir das Nebengebäude mit dem Laser anvisierten erhielten wir keine verwertbaren Informationen. Wir tappten weiterhin im Dunkeln. Uns blieb nichts anderes übrig als uns zu trennen und in zwei Teams die Gebäude gleichzeitig zu durchsuchen.

Wir teilten uns auf, Mike und Mathis bildeten das eine Team, Miguel und ich das andere. Zuerst machten wir uns auf den Weg zum Stall, währenddessen gingen Mike und Mathis in einem weiten Bogen zum Nebengebäude um es zu überprüfen. Miguel erkundete den Stall während ich ihm im Schatten Feuerschutz gab. Wenige Augenblicke später kam er wieder heraus und schüttelte den Kopf, zum Zeichen das niemand im Stall war.

Vorsichtig schlichen wir im Schatten verborgen auf das Haupthaus zu. Nur selten hielten wir an, um zu lauschen. Schritt um Schritt, immer darauf bedacht nicht entdeckt zu werden, kamen wir der Eingangstür des Hauses näher.

Wir waren nun am Haus angekommen und vergewisserten uns, dass niemand etwas bemerkt hatte. Niemand hielt hier Wache. Alle Aktivitäten schienen sich im Innern des Hauses abzuspielen. Ich schlich weiter auf die Tür zu und versuchte leise die Türklinke herunter zudrücken, doch musste ich schnell feststellen das sie verschlossen war. Dann öffnetet ich das Türschloss mittels eines elektrischen Tür Picks, das von Schlüsseldiensten verwendet wird.
Wir hätten zwar auch das Türschloss sprengen können, aber dann wäre unser Überraschungsmoment verspielt gewesen. Miguel gab mir währenddessen Deckung. Ich verstaute den Türöffner in meiner Tasche und holte meine Automatik wieder aus dem Oberschenkelhalfter. Mit meiner Automatik in der rechten Hand drückte ich die Haustür mit meiner Linken langsam und geräuschlos auf. Wir hatten doppeltes Glück. Die Tür ging geräuschlos auf und niemand war im Flur und hatte uns gesehen.
Beim Betreten eines Hauses wusste man nie was einen wirklich erwartet. Wir wollten möglichst lange unentdeckt bleiben und unseren Gegner überraschen.
Von nun an machte ich mir überhaupt keine Gedanken mehr. Ich dachte nur noch an das Haus, an die Tür und als ich drinnen war an den Flur – das reichte voll und ganz.
Ich schlich mich also hinein. Die Waffe im Anschlag eng an die Brust gehalten, drückte ich meinen Körper eng gegen die Wand, um kein unnötig großes Ziel zu bieten. Als sich meine Augen an die Lichtverhältnisse gewöhnt hatten, sah ich, dass das Innere des Gebäudes etwas erleuchtet und voll von Tabakrauch war. Es roch leicht muffig und stickig, hier wurde selten gelüftet, ging es mir durch den Kopf.
Ich konnte von meiner Position aus den Flur überblicken, er war ca. drei Meter lang, dann teilte er sich nach rechts und nach links auf.

Ich ging voran, meine Bewegungen waren ruhig und zielstrebig. Während die Aktion ablief und ich mich durch den Flur bewegte, war ich höchst konzentriert.

Miguel deckte nun von der Tür aus die rechte Seite ab und ich die linke. Mit langsamen und ruhigen Schritten ging ich vorsichtig weiter voran. Als ich an der Ecke ankam, schaute ich kurz nach rechts um einen besseren Blick zu erhalten. Ich sah von hier aus, dass im rechten Gang zwei Zimmer weggingen. Nichts rührte sich, nichts war zuhören. Dann blickte ich schnell nach links und konnte bei diesen kurzen Blick erkennen das weiter links auch eine Tür war und am Ende der Flur nochmals weiter ging, wahrscheinlich ist dort dann die Treppe um in den ersten Stock zu gelangen.
Ich drehte mich zu Miguel um und gab ihn ein Zeichen das die Luft rein ist. Ich drehte mich zurück und machte einen Schritt links um die Ecke herum.
Dann schlug das Verhängnis zu, es ging alles ganz schnell und doch hatte ich das Gefühl als würden die kommenden Sekunden sich in Zeitlupe abspielen. Gerade als ich um die Ecke wollte, prallte ich auch schon mit einem menschlichen Körper zusammen. Ich hatten einen Fehler gemacht, ich hätte mich noch einmal vergewissern müssen, ob nun jemand da stand in der Zwischenzeit.
Hatte ich mich nur auf mein Gehör verlassen und angenommen dass so schnell keiner käme. Wir kamen sofort ins Straucheln und stürzten zu Boden. Während wir beide zu Boden gingen, verlor der Mann seine Waffe. Zwischen seinem und meinem Körper steckte meine Waffe. Meine Glock mit den Schalldämpfer war zu sperrig im Nahkampf, so kam ich nicht mehr an sie heran. Aus den Augenwinkel sah ich wie ein zweiter Angreifer, am Ende des Ganges, auf mich anlegte.
Mir war sofort klar dass ich nun etwas unternehmen muss und zwar das Richtige sonst würde ich sterben.

Ich rollte mich von der Seite auf den Rücken, packte mit aller Kraft meines linken Arms den gestürzten Geiselnehmer und zog ihn, genau in dem Moment, als der zweite Geiselnehmer auf mich schoss, als Schutzschild über mich. Dann kam auch schon der knall. In dem Augenblick dachte ich, der Knall müsste jeden wecken und auf uns aufmerksam machen. Mein Fehler. Der Körper des Mannes zucke unter dem Einschlag der Kugel. Nun spürte ich, dass sein Körper erschlaffte und ich kam dadurch nun leichter wieder an meine Waffe heran. Ich zog sie hervor und wollte auf den zweiten Kerl anlegen. Aber gerade als ich selbst abdrücken wollte stand Miguel auch schon da, der es einmal wieder verstand schnell und rücksichtslos zu reagieren.

Auf seine Schusssicherheit konnte man einfach nicht verzichten. Ein jeder von uns konnte sich darauf verlassen. Er verpasste dem Kerl sofort zwei Kugeln mit seiner Waffe in den Kopf. Ein Schwall von Blut drang aus der Stelle an der die Kugeln eindrangen. Er war schon tot noch bevor er den Boden berührte. Wieder einmal hatte er mir das Leben gerettet. Das alles hatte nur Sekunden gedauert und kam mir vor wie eine halbe Ewigkeit. Um meiner Anspannung Luft zu machen fragte ich ihn grinsend: „Wo warst Du die ganze Zeit?" Er grinste zurück und erwiderte: „Bin doch rechtzeitig hier". Ich rollte den Leichnam von mir runter und stand auf. Miguel gab mir derweil Deckung bis ich wieder ok war und meine Waffe im Anschlag hatte. Ich war etwas unachtsam gewesen und dies hatte nun Folgen.
Folgen die mir noch nicht klar waren. Von nun an hatten wir ein Problem, denn nun wussten alle anderen Geiselnehmer dass jemand eingedrungen war, um die Geiseln zu befreien. Über Funk hörten wir, dass draußen die Luft noch rein ist. Doch das hatte nichts zu sagen, dies konnte und würde sich schlagartig ändern, wenn man uns entdeckte.

Wir mussten uns beeilen und die drei Pakete finden. Je länger wir benötigten, desto gefährlicher würde es für alle Beteiligten werden.
Dann vernahmen wir einige wenige Pistolenschüsse, sie mussten aus dem Nebengebäude gekommen sein. Mathis und Mike mussten wohl oder übel mit jemanden Kontakt haben. Es gab nur ein kurzes Feuergefecht, dann war alles wieder ruhig. Mike sagte dann über Funk: „Ein Ziel ausgeschaltet, ein weiterer ist hinten durch das Fenster raus".
Tom bestätigte: „Er ist auch mir entkommen, hatte ihn nur kurz im Visier, zu kurz für einen gezielten Treffer. Wir müssen nun davon ausgehen, dass er Verstärkung holen wird, also beeilt euch, damit wir hier wieder raus kommen".
Während Miguel mich deckte, durchsuchte ich vorsichtig die beiden toten Entführer, konnte aber im Verlauf der Durchsuchung nichts brauchbares finden. Wir hatten jetzt einige Räume zu durchsuchen und mussten uns beeilen.
Die Zeit verging wie im Flug und noch hatten wir unsere Pakete nicht gefunden. Wir wandten uns nach rechts.
Miguel trat gegen die erste Tür. Mit einem wilden Knall brach sie auf. Dann warf er eine Blendgranate hinein. Wir mussten nun nicht mehr leise vorgehen, waren unsere Gegner doch schon auf uns aufmerksam geworden.

Während ich ihm Deckung gab und den Flur auf der anderen Seite in Augenschein nahm, trat er vorsichtig in den Raum ein, doch waren unsere Pakete nicht vorhanden, es war die Toilette. Dann folgte Tür Nummer zwei auf dieselbe Weise. Mit einem schnellen Blick erkannte Mike die Küche. Wir gingen wieder zurück wo die zwei toten Geiselnehmer lagen und wollten zum nächsten Raum schreiten als Miguel an der Eingangstür eine Bewegung wahrnahm. Mike und Mathis wollten uns unterstützen und kamen zum Wohnhaus.

Mike trat ins Haus und nur die geschulte blitzschnelle Reaktion von den beiden (Mike und Miguel) verhinderte, dass sie sich gegenseitig über den Haufen schossen. Wir begannen nun den letzten Raum aufzusuchen, traten vorsichtig an die Tür heran. Miguel gab mir Deckung und beobachtete den Treppenaufstieg. Mit einem Fußtritt gegen die Tür brach sie auf. Schnell erkannte ich, dass es ein Wohnzimmer war, doch ansonsten nichts Weiteres.

Nun mussten wir die Treppe hinauf in das Obergeschoss. Miguel ging voran, ich folgte ihm. Auf dem Treppenabsatz blickte Miguel nach oben ohne stehen zu bleiben.
Stufe um Stufe stiegen wir hinauf, immer darauf bedacht ob nicht eventuell noch ein FARC Kämpfer mit einer Waffe auf uns zu schießen anfing. Miguel hatte gerade die Hälfte der Treppen geschafft, als er eine Bewegung wahrnahm. Ein weiterer Geiselnehmer wartete geradewegs auf uns mit einem AK47 in den Händen. Als der Kerl sich um die Ecke wagte war es auch schon geschehen mit ihm. Miguel drückte genau dreimal ab. Zwei Kugeln in die Brust eine in den Kopf. Schließlich will niemand dass der Kerl wieder aufsteht. So nach dem Motto die Toten sollen tot bleiben. Und dann polterte auch schon die Kalaschnikow die Treppen herunter. Gefolgt vom dumpfen Aufprall des Körpers. Mittlerweile lief mir der Schweiß in die Augen und es brannte. Dem Tod so nahe, rauscht das Adrenalin durch mich hindurch wie Strom.
Mein Herz trommelt wie das Schlagzeug einer Heavy Metal Band. Blut rast durch meine Venen als galt es einen Wettlauf zu gewinnen.
Weiter die Treppe rauf. Oben angekommen konnten wir vier weitere Räume ausmachen. Der erste war offen und ich erkannte dass es das Badezimmer war. Ein Blick hinein genügte um festzustellen, dass es leer war.

Nun standen uns noch drei Türen bevor, wovon zwei allerdings offen standen. Schritt um Schritt gingen wir näher heran und stellten dann fest, dass es mehr oder weniger improvisierte Schlafräume waren. Sie waren mit Feldbetten ausgestattet, nur das notwendigste war vorhanden. In beiden Räumen waren jeweils vier Feldbetten. Hier war klar ersichtlich dass in diesen Räumen die Entführer nächtigten. Auf zur letzten Tür. Während ich langsam die Türklinke runterdrückte, stand Miguel neben mir mit der Waffe im an Schlag und Mike hinter ihm. Doch die Tür ging leider nicht auf. Dann trat ich mit einem gewaltigen Tritt mit meinem rechten Fuß gegen die Tür. Die Tür brach laut auseinander und unser Blick viel sofort auf die Kinder.

Mit einem einzigen Blick erkannten wir die Situation. Zu unserer Verwunderung stellten wir fest, dass es fünf Kinder waren und nicht drei. In der Einsatzbesprechung war die Rede von drei Kindern gewesen, diese drei galt es zu befreien. Nun sah die Situation anders aus. Aber egal dachte ich mir, sehen wir erst einmal zu das wir die Kinder befreien und genauestens untersuchen. Die Kinder waren mit Plastikbindern aneinander gefesselt. Sofort gingen wir auf sie zu und durchsuchten mit unseren Augen den ganzen Raum, doch gab es keine Gefahr mehr. Mit meinem Kampfmesser durchschnitt ich die Plastikbinder und befreite sie voneinander. Miguel redete beruhigend auf Portugiesisch auf sie ein und teilte ihnen mit das wir hier sind um sie zu befreien. An Hand von Fotos, welche wir zur Identifizierung bei uns trugen vergewisserte ich mich wer die Kinder waren.

Die Fotos waren in eine durchsichtige Schutzhülle an unseren linken Unterarmen mit einem Klettverschluss an unseren schwarzen Kampfoveralls befestigt. Drei der Kinder erkannte ich, die anderen zwei waren uns unbekannt. Als die Kinder einigermaßen ruhig waren, rief ich Mike zu mir. Er hatte von uns das Satellitentelefon bei sich.

Ich nahm Kontakt zur Zentrale auf und teilte ihnen mit, dass sich die Situation verändert hätte. Anstatt der drei Pakete hätten wir fünf angefunden und wie wir nun weiter vorgehen sollen.

Es herrsche einige Sekunden Schweigen, bis ich endlich eine Antwort erhielt. Wir sollen uns auf unsere Aufgabe konzentrieren und den Job ordnungsgemäß ausführen.
Ich glaubte mich verhört zu haben und frage nochmals nach.
Die Antwort kam prompt. Die drei gewünschten Pakete mitnehmen für mehr Personen gäbe es keinen Platz in dem Hubschrauber der uns am vereinbarten Evakuierungspunkt abholen würde. Ich konnte es nicht glauben, denn der Hubschrauber war und ist allemal groß genug, also was soll der Blödsinn, dachte ich und teilte meinen Unmut über diese Ansage mit. Fragte also nochmals nach mit der Bitte um Anweisung bezüglich der zwei anderen Pakete.
Was dann als Antwort kam veränderte alles. Für die anderen zwei werde nicht bezahlt, also keine Verwendung. Ich brauchte einige Sekunden um die Anweisung zu verdauen.

Nachdem Motto: wer Geld hat wurde befreit und wer keines hatte wurde zurückgelassen, selbst wenn es um Kinder ging.
Sollten wir doch tatsächlich zwei Kinder zurück lassen und das alles aus Geldgier. Mike sah mich mit einer finsteren Mine an, er hatte das ganze Gespräch mit anhören können und ohne ein Wort zu sagen, konnte ein jeder von uns in den Augen des jeweilgen lesen was nun passieren würde.
Die grimmige Entschlossenheit auf seinen Gesichtszügen war unverkennbar, er wirkte wie ein Fels in der Brandung.
Über Funk teilte ich den Kollegen die neue Situation mit und was mir die Zentrale als Anweisung für uns, in Bezug auf die zwei weiteren Pakete durchgegeben hatte. Ich brauchte nicht lange auf eine Reaktion warten.

Wie nicht anders erwartet einigten wir uns darauf die zwei Pakete entgegen der Anweisung mitzunehmen. Der Gedanke daran zwei Kinder zurück zu lassen entsprach nicht unseren Vorstellungen.
Es war zwar ein dreckiger Job den wir sieben ausführten, aber tief in uns drin gab es doch eine gewisse Moralvorstellung, wie man mit Menschen vor allem mit Kindern umzugehen hatte.
Dermaßen zur Tätigkeit ermuntert, die Kinder zurück zu lassen entschieden wir dagegen. In der Zwischenzeit hatte Mathis die toten Entführer aus dem Flur entfernt und in ein anliegendes Zimmer gelegt, sodass die Kinder beim Herunterkommen diese nicht mehr sehen müssten. Wir wollten sie nicht unnötig mit dem Anblick der Leichen weiter verschrecken. Die ganzen Tage der Geiselhaft sowie die Entführung waren für sie schon anstrengend genug gewesen, warum sie also noch weiteren psychischen Belastungen aussetzen. Wir machten uns nun zum Aufbruch bereit. Über Funk wollte ich wissen ob die Luft draußen rein war. Die drei Jungs draußen, bestätigten das es bis dato keine weiteren Vorkommnisse gab. Mathis kam zu uns herauf als er mit seiner Arbeit fertig war. Wir tauschten uns kurz aus und legten nun die weitere Vorgehensweise fest. Miguel ging voran, ich folgte ihm die Treppe hinunter.
Mathis und Mike kümmerten sich währenddessen um die Kids. Sie gaben ihnen auf Portugiesisch genaue Anweisungen wie sie sich verhalten sollen. Sie stellten sich hintereinander auf. Mike übernahm die Vorhut bei den Kindern. Ein jeder sollte sich beim Vordermann am Hosenbund oder Gürtel mit der rechten Hand fest halten. Im Gänsemarsch, angefangen mit dem rechten Fuß voran, verließen sie das Zimmer und traten in den Flur hinaus. Nun die Treppe hinunter. Es waren nur wenige Meter bis zur Eingangstür. Miguel trat als erster hinaus, gefolgt von mir sicherten wir den nun bevorstehenden Rückzug.

Dann passierten mehrere Sachen sehr schnell nacheinander.
Kaum war ich draußen sah ich aus dem Augenwinkel eine
Person stehen, die mit dem Gewehr auf mich zielte.
Ich drehte mich blitzschnell zu ihm herum und wollte ihn
ins Visier nehmen. Doch ich fühlte instinktiv, das es schon
zu spät war, die Waffe in Anschlag zu nehmen und gezielt
abzudrücken. Im gleichen Atemzug vernahm ich die Bewegung
von Miguel. Im nächsten Augenblick musste ich mit ansehen
wie Miguel seinen Kopf in die Schussbahn der Kugel warf.
Mit einem Lächeln im Gesicht drehte er sich zu mir um
und fing die Kugel mit seinem Kopf auf, die mir zugedacht
war. Sein Kopf wurde von der Wucht der Kugel nach vorne
gedrückt und Blut flog durch die Luft.

Der Anblick löste sofort etwas in mir aus.
Explosionsartig spürte ich eine Urkraft in mir aufsteigen, die so
tief in mir verwurzelt war, dass ich sie nicht zu benennen und
erst recht nicht zu kontrollieren wusste. Mein Adrenalinspiegel
war am höchsten Punkt angelangt. Angetrieben von Wut,
Hass und Rache sah ich nur noch das Mündungsfeuer des
Schützen, hörte weder den Mündungsknall noch nahm ich das
Pfeifen des nächsten Geschoss wirklich wahr.
Nichts Heldenhaftes trieb mich voran, meine Gedanken waren
nur noch auf eins ausgerichtet, diesen Mann zu töten, der
meinen Freund erschoss. Nun hatte auch ich meine Waffe
im Anschlag und drückte ab. Zu meinem Entsetzen hatte
die Waffe Ladehemmung. Eine Glock mit Ladehemmung
ist fast unmöglich. Instinktiv warf ich mich zu Boden rollte
mich ab und stand wieder auf. Währenddessen zog ich mein
Kommandoschwert vom Rücken und rannte mit schnellen
Schritten auf den schützen zu. Kugel für Kugel umschwirrte
mich, ich spürte rechts und links etwas und doch trafen sie
mich nicht wirklich. Es waren nur Streifschüsse die mich nicht
aufhielten.

Schritt um Schritt kam ich näher und im nächsten Augenblick sah ich die verwunderten Augen des Schützen, der immer wieder aufs Neue auf mich feuerte und keine Wirkung damit erzielte. In seinen Augen war nun Panik zu sehen, je näher ich im kam. Er wusste er würde sterben sobald ich ihn erreicht habe. Als ich dann nahe genug war, vollzog ich mit meinem Schwert einen Hieb gegen sein Gewehr und stach danach sofort in Höhe seines Herzens zu. Mit aufgerissenen Augen und Todesangst im Gesicht brach er zusammen und war tot. Ich ließ das Schwert sinken, mein Herz klopfte wie rasend und mein Atem ging stoßweise, doch die Hände hielten ruhig das Schwert. Mit meinen Blick auf den Toten gerichtet, fühlte ich mich nun im Nachhinein auch nicht besser. Nur innere Leere erfüllte mich. Automatisch kontrollierte ich meinen Körper, ob es eine Kugel doch geschafft hatte mich zu treffen. Aus Erfahrung wusste ich, dass wenn man mit so viel Adrenalin vollgepumpt ist, jeden Schmerz ausblenden kann. Doch wenn einem wieder alles bewusst wird und das Adrenalin wieder sinkt kommt der Schmerz und man macht die Erfahrung dass er dann unbarmherzig zuschlägt. Ich hatte wohl mehr Glück als Verstand, konnte ich nur zwei Streifschüsse an der Taktischen Weste erkennen die dann von der kugelsicheren Weste rechts und links aufgehalten wurden.

Dann ging ich zurück zu Miguel, Tränen sind über mein Gesicht geronnen. Er hatte mir wieder einmal das Leben gerettet und seines für das von meinem gegeben. Es war wohl das was er gesucht und nun endlich gefunden hatte.
In Gesprächen mit ihm erinnere ich mich daran zurück, dass er in seinem Herzen sehr unglücklich war und den Tod regelrecht suchte. Ich werde ihn nie vergessen. Anfangs konnte ich mit diesem Geschenk nicht umgehen. Das ich nun leben darf und er nicht, dies machte mich sehr lange Zeit traurig.

Doch heute weiß ich, dass ich nicht traurig sein darf und seine Entscheidung respektieren muss. Ich riss mich zusammen, unterdrückte weitere Tränen und als ich meine professionelle Abgeklärtheit wiedergefunden hatte, öffnete ich meine Augen und ging an die Arbeit. Wie kam es dazu, ging es mir durch den Kopf. Niemand von uns hatte den Schützen zuvor gesehen, wo kam er her?
Er tauchte wie aus dem Nichts auf. Wir vermuteten, dass er aus dem Stall kam und dort vielleicht geschlafen hatte oder sich solange versteckt hielt bis er glaubte uns angreifen zu können. Aber egal, wir hatten einen Fehler gemacht und Miguel musste nun mit seinem Leben dafür bezahlen.
Igor, Tom und Aiman kamen aus ihrer Deckung hervor zu uns herüber. Niemand sagte ein Wort, vorerst. Als sie bei uns ankamen sicherten Igor und Tom die Gegend wieder.
Mike und Mathis hatten alle Hände voll zu tun mit den fünf Kids. Aiman und ich lagen Miguel auf eine zusammenfaltbare Folie. Wir hatte für Notfälle immer eine dabei. Sie bestand aus zusammenklappbaren Aluminiumröhren und einer dünnen Nylonplane. Es war klar, dass wir ihn nicht zurücklassen würden. Es dauerte nicht lange und wir hatten ihn komplett eingewickelt. Die Kinder sollten ihn so nicht sehen, denn es war kein schöner Anblick. Waren sie doch schon verstört genug.

Fertig, nun Teambesprechung. Uns war klar, dass es nun etwas langsamer voran ging bis wir beim Abholpunkt sein werden. Fünf Kinder, ein toter Freund und ein Geiselnehmer der geflohen ist. Ein absolutes Desaster. Also nichts wie los, jede Minute zählte. Igor übernahm die Vorhut, dann Mike und Mathis mit den Kids. Ihnen folgte Amin und ich die Miguel trugen und Tom übernahm die Nachhut. Es waren nur 3 Kilometer und doch waren es die Längsten, denn wir kamen nur schwer voran.

Das Gelände war uneben und die Kids gingen wie in Trance hintereinander, nur langsam weiter. In ihren Augen stand noch immer die panische Angst. Ich konnte es verstehen. Was müssen sie alle durchgemacht haben in all den Tagen ihrer Geiselhaft. Und die Befreiungsaktion war auch nicht ohne. Sie werden viel Liebe und psychologische Betreuung benötigen um halbwegs mit dem Erlebten klar zu kommen. Selbst für Leute wie wir bleiben solche Einsätze nicht ohne Folgen. Es war nicht mehr weit bis zur Lichtung wo uns dann der Hubschrauber alle ausfliegen sollte. Einige Minuten später war es dann soweit. Vor uns war nun eine kleine Lichtung, wir hatten es geschafft. Mit aller Vorsicht observierte Igor vorerst alleine einmal das Terrain, während wir anderen in einem sicheren Abstand warteten. Nach einigen Minuten teilte Igor uns mit das die Luft rein war und wir kommen könnten. Nach wenigen Schritten schlossen wir zu Igor auf. Wir lagen planmäßig gesehen gut im Zeitplan. Über unser SAT-Telefon nahmen wir Kontakt zum Piloten auf und gaben unsere genaue Position durch. "Black Eagle, hier ist Bad Boy. Derzeit haben wir keine Feindberührung. Wir erwarten euch am ausgemachten Abholpunkt". "Black Eagle, verstanden".
Der Pilot bestätigte und gab seine Ankunft für in drei Minuten an.
Mathis warf eine grüne Rauchgranate in die Landezone, als Zeichen für den Piloten, dass eine sichere Landung gegeben ist und die Landezone frei ist. Nichts desto trotz sicherten wir nach allen Seiten unseren Rückzug, um nicht noch in letzter Sekunde überrascht zu werden. Es dauerte nicht lange und wir hörten den Rotorenlärm des Hubschraubers. Es war ein gutes Gefühl den Hubschrauber Bell 212, auch Twin Huey genannt, im Anflug zu sehen. Das Dröhnen des herannahenden Hubschraubers wurde immer lauter. Der Bell glitt schnell und tief über das unebene Gelände und hielt auf der markierten Landezone.

Die Anspannung wuchs, nur wenige Augenblicke und wir hatten es geschafft. Der Hubschrauber flog ein und ging mit viel Lärm über der Landezone runter. Noch währenddessen der Hubschrauber über der Landezone schwebte gingen wir in gebückter Haltung, den Luftsog der rotierenden Rotoren ausweichend hintereinander auf den schwebenden Hubschrauber zu.
Sein Rotorabwind verwirbelte alles Umherliegende, vor allem Sand und Gräser in die Höhe. Allen voran ging Mike, der die Kids im Schlepptau hatte, gefolgt von Aiman und mir, die wir Miguel auf der Barre trugen. Die anderen gaben uns derweilen Deckung, um ungehindert zu dem Hubschrauber zu kommen. Dann setzte er auch schon am Boden auf. Die Kinder stiegen unter den kreisenden Rotoren in den Hubschrauber.
Mike sicherte uns anschließend nach hinten ab.
Der Bordschütze - auch Doorgunner genannt, gab uns mit seinem Bord-MG, ein M-60, beim Einsteigen der Kinder Deckung. Wir ließen die Kinder einsteigen und als dies geschehen war schoben wir Miguel, der auf der Barre war, durch die Seitentür in den Hubschrauber rein.
Gerade, wenn man denkt, es könnte nicht schlimmer kommen, dann beweist einem das Leben das Gegenteil. Im nächsten Augenblick schwenkte der Bordschütze sein MG herum und zielte auf uns, die gerade dabei waren einzusteigen.
Harte Entschlossenheit prägte seine Mine und in seiner Stimme lag eine unangenehme Schärfe, als er uns anblickte und sagte: „Ihr habt den Anweisungen zu wiedergehandelt. Wir dürfen euch nicht ausfliegen, ihr seid gut genug ausgebildet um zurück zu kommen, soll ich euch ausrichten".

Die klare Entschlossenheit in seinem Ton war überzeugend und ließ jedes weitere Argument ausschließen. Niemand von uns dachte jemals daran in so eine Situation zu kommen. Auch konnten wir die Tragweite noch nicht einschätzen.

Um keine weitere Zeit zu verlieren lies der Pilot den Motor nun auf höhere Touren aufheulen. Der kreisende Propeller wirbelte uns die Luft durchs Gesicht. Dann hob sich der Hubschrauber merklich vom Boden ab. Immer höher schraubte sich die Maschine hinauf und flog dann mit großem Getöse davon. Als sich der Helikopter entfernte, hallte das Pochen seiner Rotoren wieder bis es allmählich in der Ferne verklang.
Igor war außer sich vor Wut, schrie und brüllte vor sich hin: „Soll das nun die Kulisse für unsere Befreiung sein, ich kann es nicht glauben!" und dann hatte er sich auch schon wieder im Griff. Er musste seinen Frust einfach raus lassen. Wir anderen dachten ähnlich. Ich sagte: „Da setzt man sich hundertzwanzigprozentig für einen Job ein, und das ist dann der Dank!". Tom sprach genau das aus was alle anderen dachten: „Dahinter steckt garantiert Goldmann, wenn der seinen Willen nicht bekommt geht er über Leichen und diese sind wohl wir.". Ich war nun stinksauer und sehr zornig über die Reaktion von der Firma. Zorn ist gut dachte ich dann. Zorn kann einem helfen, am Leben zu bleiben. Und eines wusste ich, ich komme wieder. Wieder um jemanden zur Rechenschaft zu ziehen, um all meinen Frust abzubauen. Alles ging schief bei diesem Auftrag und am liebsten sollte jetzt sofort jemand dafür büßen. Aber nicht die beiden Piloten, denn auch sie führten nur ihren Auftrag aus. In ihren Gesichtern konnte ich einiges sehen. Sie verstanden unser Handeln, warum wir alle Kinder mitnahmen. Aber in ihren Augen war der Zweifel zu sehen, als sie mit dem Helikopter abhoben, ob wir es schaffen würden über die Grenze zu kommen.
In diesem Augenblick waren viele Emotionen sehr spürbar. Unverständnis, etwas Ratlosigkeit, Wut, Zorn, aber dann der Überlebenswille und nun erst recht. Wir sahen uns an und wussten uns bleibt nichts anderes übrig. Wir werden tun was wir gelernt haben und finden Hoffnung im Unmöglichen.

Die beiden Piloten waren gute Jungs, sie ließen uns weitere Munition, Handgranaten sowie eine Claymore Mine und etwas Wasser da. Wie sagt man so schön: So standen wir nun da, wie ein begossener Pudel im Regen. In wirklich schlimmen Zeiten macht man einfach weiter, ohne über vergangenes nachzudenken. So wie wir es gelernt hatten bemühten wir uns einen Ausweg aus diesem immer schlimmer werdenden Albtraum zu finden. Wichtig in solch einem Fall ist, nicht in Panik zu geraten. Wir versuchten, entspannt zu bleiben und mit klarem Kopf die Situation zu beurteilen. Es ist ebenfalls hilfreich, sich ausschließlich der nun bevorstehenden Aufgabe zu widmen. Wir durften uns nur darauf konzentrieren und uns nicht sorgen, was passieren kann. Diese Einstellung, für den Augenblick zu leben, schützt einen vor vielen imaginären Problemen. Neue Rahmenbedingungen schaffen neue Handlungsoptionen.

Analyse:
- Wie gut sind wir noch bewaffnet?
- Wie viel Wasser haben wir?
- Wie weit ist es bis zur Grenze?
- Wie stark würde der Gegner sein, der garantiert hinter uns her ist?

Wir dachten nicht daran, wie wir von hier aus schnellst möglichst weg kommen könnten, über die Grenze in Sicherheit. Wir hatten eher das Gefühl, nun ist es an der Zeit zu überleben. Jeder wusste von Anfang an worauf er sich eingelassen hatte. Nun war es soweit, jeder muss einmal für seine Sünden bezahlen. Gut und Böse müssen sich halt im Leben die Waage halten. Wir wussten die Kinder sind nun in Sicherheit, und dieses Wissen war ein gutes Gefühl. Wir standen beisammen und überlegten wie wir nun weiter vorgehen könnten.

Uns blieb nichts anderes übrig als zu improvisieren.
Jedem von uns war klar, dass aus Richtung der Grenze keine Hilfe herbeikommen würde. Und obwohl wir versuchten, nicht daran zu denken, die Wahrheit war, dass wir aus keiner Richtung Hilfe zu erwarten hatten. Ganz entgegen seiner üblichen Schweigsamkeit sagte Tom in einer coolen Art ohne jeglichen Zweifel: „Bleiben wir hier und stellen ihnen eine Falle. Die gehen doch nicht davon aus, dass wir noch hier sind. Die glauben doch sowieso, dass wir mitgeflogen sind und wenn sie keine Spuren von uns finden, dass wir noch hier oder gar weiter gezogen sind, werden sie nicht misstrauisch sein. Noch bevor ihnen klar wird was hier wirklich abgeht, sitzen sie schon in der Falle und wir knallen sie einfach ab."
„Wir hätten da noch die Clay More Mine, die könnten wir direkt am Landeplatz hochjagen. Wird bestimmt auch einige erwischen.", meldete sich Mathis zu Wort, im Tonfall eines Mannes, der in seiner Fähigkeit, einem Versprechen Taten folgen zulassen, noch nie einen Zweifel gelassen hat.
Die Taktik klang logisch und gut, ganz im Sinne von Sun Tzu (*bestimme das Schlachtfeld*). Nichts desto trotz war sie auch sehr riskant. Doch wer nichts wagt, der nichts gewinnt.
Angriff ist halt doch die beste Verteidigung.

Der ganze Begriff erfolgreicher Kriegsführung besteht darin, den Feind in ungünstiger Lage zu überraschen und schnell handeln zu können. Wir wollten ihnen einen gut koordinierten Kampf bieten. Nach einer kleinen Einsatzbesprechung und Situationsanalyse ging es zügig voran. Wir schauten uns gegenseitig an und grinsten in die Runde. Legten die Hände übereinander und sagten gleichzeitig unseren Leitspruch:
„Der einzig schöne Tag war gestern."
Keiner von uns dachte, dass er nun hier sterben würde, denn dafür hatten wir keine Zeit mehr.
Wir hatten uns entschieden.

Waren wir doch äußerst diszipliniert und bestens trainiert, wir würden zusammenhalten und funktionieren. Bei diesen Einsätzen genügt es nicht, die Überraschung, Schnelligkeit, Geländekenntnis und Informationen auf seiner Seite zu wissen. Man muss zusätzlich Entscheidungsfreude und -fähigkeit besitzen, denn ohne diese sind die anderen Vorteile wertlos. Selbst eine vorher gut geplante und immer wieder trainierte Aktion kann nicht durchgeführt werden, wenn sich einer der Teammitglieder unentschlossen, unsicher und wankelmütig verhält. Auch eine anfänglich erfolgreiche Aktion kann scheitern, wenn während der praktischen Durchführung plötzlich Entscheidungswille und -fähigkeit ausfallen; ist beides nicht vorhanden, dann wird die entstandene Leere gewöhnlich durch Wankelmut und Angst gefüllt. Der Feind wird diese Schwäche nutzen und einen vernichten.

Unser Vorsprung war nicht wirklich groß. Wir hatten von nun an keine Zeit mehr zu verlieren. Wir nahmen systematisch das umliegende Terrain in Augenschein und suchten uns die passenden Plätze für unser Vorhaben aus. Wir durften uns keine falsche Beurteilung der Lage leisten. Es würde keine Zeit weiter verloren und kein weiteres unnützes Wort mehr gesprochen. Mit einer selbstsicheren Entschlussfähigkeit erledigte jeder von uns seine Aufgaben.
Der Landeplatz ist die perfekte Stelle für eine Falle. Unsere Verfolger würden auf jeden Fall zum Landeplatz gehen, um alles genauestens zu begutachten. Als zusätzlichen Anreiz, ließen wir noch einiges unwichtiges dort zurück. Wir bauten darauf, dass die menschliche Natur ihren Lauf nahm und sie ihrer Neugierde nicht wiederstehen konnten, genau dort nachzusehen, um sich zu vergewissern, was wir dort zurückgelassen hatten.
Es war gerade zu perfekt.

Offenes Gelände, so konnten wir aus dem Hinterhalt heraus unseren Gegner angreifen ohne selbst sofort entdeckt zu werden. Mathis machte den Anfang. Er ging zurück zum Landeplatz und versteckte dort die Clay More Mine. Die Clay More Mine besitzt eine Sprengkapsel, sie wird elektrisch über ein zwölf Volt Netz mit Zündschnur gezündet. Im Umgang mit jeder Art von Sprengstoff galt er als besonders erfinderisch. Unerschütterlich ruhig und steht's erfolgreich durch tödliche Präzision.

Als Mathis alles soweit am Landeplatz vorbereitet hatte, marschierte er schnurstracks zu uns zurück und ging zu der Position von wo aus er die Mine zünden würde.

Von uns allen hatte er wohl den risikoreichsten Platz und die wichtigste Aufgabe. Er würde so weit weg vom Landeplatz wie die Zündschnur reichte und zwischen Mike und mir in Position gehen. Von dort aus würde er seinen Angriff starten. Sein Versteck war somit genau dort wo auch unsere Gegner den Boden absuchen konnten. Sie mussten direkt an ihm vorbei gehen. Weil wir wussten wie wichtig sein Versteck war, halfen wir ihm sich zum größten Teil einzugraben.

Mit einem Stofffetzen über dem Gesicht lag er nun rücklings in einer kleinen Erdaushöhlung und lies seinen Körper mit Sand bedecken. Nur der Kopf mit dem Gesicht nach oben, lugte etwas heraus. Dann beseitigten wir so gut es ging jegliche Spuren. Nichts durfte darauf hindeuten das dort jemand eingegraben ist. Gemacht getan. Damit auch wir uns in Position bringen konnten, zogen Mike und ich uns selbst auf einen taktisch günstigen Platz zurück. Rückwärts gehend verwischten wir jeden nur möglichen Hinweis mit kleinen Laubzweigen und bedeckten zusätzlich so manches mit trockenem Laub. Dann überprüften wir noch ganz genau, dass wir nicht fälschlicherweise die Spuren auch noch vernichten, welche zeigten, dass wir zum Landeplatz gingen und abgeholt wurden.

Mike ging nach rechts und ich selbst suchte links von Mathis meine Deckung auf.

Während wir unsere Position einnahmen und uns etwas Deckung mit dem herum liegenden Gestrüpp verschafften, waren Igor, Aiman und Tom zu ihren erhöhten Positionen unterwegs. Sie wollten uns aus den Bäumen heraus unterstützen, sobald die Mine von Mathis gezündet war, in dem sie ihre ausgesuchten Ziele allesamt eliminierten.
Es dauerte nicht lange und sie waren in den Bäumen nicht mehr sichtbar. Im Dickicht der Bäume untergetaucht warteten sie nun auf das Zeichen. Unsere Taktik sah es vor, dass unsere Verfolger den Landeplatz inspizierten. Sobald sie nahe genug waren, also in idealer Reichweite der Mine, würde Mathis über Funk das Zeichen bekommen die Mine zu zünden. Doch bevor Mathis die Mine zündet, würden die drei Scharfschützen los legen und ihre bevorzugten Ziele gleichzeitig und gezielt auslöschen. Daraufhin sollte die Mine hochgehen. Gleich nach der Explosion, wollten wir ihre Verwirrung nutzen. Aus unserer Deckung kommen und die restlichen Verfolger ins Kreuzfeuer nehmen. Sie sollten nur einen Rückzug sehen. Ihr Selbsterhaltungstrieb würde sie weiter zurück ins offene Gelände führen. Doch damit wären sie dann endgültig erledigt. So sah jedenfalls unser Plan aus.

Alles war auf Sekunden genau abgestimmt und musste dann nur noch auch wie ein Schweizer Uhrwerk funktionieren.
Es war soweit alles geschafft, ein jeder von uns hatte seine Position eingenommen. Wir hatten eigentlich nur noch eines zu tun. Wir mussten mit der Umgebung verschmelzen, eins werden und natürlich die Augen offen halten.
Der Hinterhalt war geschickt aufgebaut, sodass keiner der Verfolger erahnen konnte, was wirklich auf sie zukommen würde.

(Die Ersten, die auf dem Schlachtfeld eintreffen, erwarten den Gegner mit Ruhe.
Die Letzten, die eintreffen und sogleich in die Schlacht geführt werden, sind bereits erschöpft und verlieren) Zitat Sunzi

Während wir schwitzend in unserer Stellung auf den Feind warteten, schien die Zeit stillzustehen. Ich spürte etwas Angst in mir aufsteigen und dachte über das Leben und den Tod nach. Ich ließ meine Angst gewähren. Angst ist gut sagte ich mir, denn sie macht mich vorsichtig, sie darf mich nur nicht beherrschen. Ohne dieses automatische Alarmsignal der Angst würde man nur unnötige Risiken eingehen und eventuell dabei ums Leben kommen. Und dann fühlte ich es, wo Angst ist, ist auch Mut. Ja ich fühlte Mut in mir heran wachsen.
Wenn man Mut fühlt, tat man das, was notwendig war, bedingungslos. Mut ist der innere Freund um Entscheidungen zutreffen, schnell und sichere Entschlusskraft zu beweisen.
Ich wurde zunehmend ruhiger und dachte nicht mehr über Leben und Tod nach, lies mich nicht mehr davon ablenken.
Ich war nun eins mit meiner Waffe, eins mit dem Auftrag.
Ich spürte, wie der unbedingte Siegeswille mich wie eine Woge durchflutete, welche bald gegen unsere Verfolger anbranden würde.
In dieser Welt, dachte ich, bleibt einem keine Zeit, darüber nachzudenken, ob man Recht oder Unrecht tut. Es bleibt nur Zeit zu zielen und abzudrücken.

Wir spähten durch unsere Deckung, in den Blätterwald, in die Richtung aus der die Verfolger kommen würden und suchten nach einem Anzeichen das sie nun eintreffen würden.
Doch bis dato war weder etwas zu hören, noch zu sehen und es rührte sich einfach nichts. Nach ca. 5 Minuten, die mir wie eine Ewigkeit vorkamen, war es dann soweit. Tom war der erste welche den Feind bemerkte und hörte.

Er gab uns über Funk Bescheid: „Feind naht, Stärke 8 Mann in einem Pickup, soweit ersichtlich alle bewaffnet". Unsere Anspannung wuchs weiter an und die Sekunden bis zum Angriff dehnten sich weiter aus. Meine Glieder waren verkrampft, alle Muskeln fast schon schmerzhaft angespannt, ich sehnte mich regelrecht nach Action. Das unverkennbare metallische Schnappen des Verschlusses meines Sturmgewehres in meinen Ohren war extrem laut für mich zu vernehmen und wirkte irgendwie wie ein Startsignal.
Unendlich langsam ging es voran.
Wir blieben weiterhin in Deckung und warteten ab.

Der Pickup hielt an, sechs Männer kletterten von der Ladepritsche herunter und sicherten sogleich die Umgebung. Ihrer Kleidung nach zu urteilen waren es paramilitärische Kräfte der FARC. Diese Typen von der FARC wussten sehr wohl wie man tötet. Sie mussten sich wie wir auch keine Gedanken über wirkliche Einsatzregeln und das Kriegsgericht machen wie beim wirklichen Militär, denn dem gehörten sie ja nicht an. Sie waren gefährlich und würden kein Erbarmen zeigen. Gnadenlos würden sie jeden von uns töten, wenn sie keinen Vorteil darin sahen uns am Leben zu lassen. Es ging somit einzig und allein um unser Überleben. Dann stieg auch der Beifahrer aus und gab sogleich einige Anweisungen.
Der Fahrer blieb im Fahrzeug. Langsam aber stetig kamen sie näher.

(*Was den Gegner dazu bewegt sich zu nähern, ist die Aussicht auf Vorteil. Was den Gegner vom Kommen abhält ist die Aussicht auf Schaden*). Zitat Sunzi

Mit jedem Schritt den sie auf uns zusteuerten, kamen wir näher dem Ende der Konfrontation. Wir konzentrierten uns auf die bevorstehende Aufgabe.

Jeder von uns hoffte insgeheim, dass sie den Köder schlucken und uns nicht vorzeitig ausfindig machen würden.
Langsam kamen sie näher. Der Anführer gab auf einmal ein Zeichen und zu unserem Bedauern fingen sie an auszuschwärmen. Unser Köder war gut, eventuell zu gut? Sie waren halt misstrauisch geworden. Unsere Befreiungsaktion in den Morgenstunden ließ sie nun etwas vorsichtiger sein. Sie spähten in alle Richtungen und sicherten sich gegenseitig ab. Doch zu unserem Glück waren wir für ihre Augen nicht sichtbar. Die menschliche Natur nahm ihren Lauf. Vorsichtig und langsam gingen sie zum Landeplatz. Wir hatten Recht behalten, sie wurden neugierig und gingen weiter. Unser Glück war zwar nicht vollkommen, da sie sehr verstreut auf unsere Überraschung zugingen. Man kann nicht alles haben sagte ich in diesem Augenblick zu mir selbst.
Aber nichts desto trotz hatten wir noch einen kleinen Vorteil. Wir hatten die Sonne im Rücken sobald sie am Landeplatz sind. Nur noch wenige Meter. Auf einmal blieben alle stehen und nur zwei von ihnen gingen weiter. Die anderen suchten nach verräterischen Anzeichen und waren auf der Hut.
So wie es aussah würde die Mine nur zwei von ihnen erwischen, also musste die Verwirrung ausreichen um die anderen auszuschalten.
Dann war es soweit, Tom sagte Mathis Bescheid dass die Verfolger nahe genug an der Mine waren, das Warten hatte ein Ende. Über Funk gab Mathis nun das vereinbarte Zeichen. Er sollte bis drei zählen, und bei zwei sollten die drei Scharfschützen loslegen und bei drei die Mine hochgehen. Der Countdown begann. Mathis fing an zu zählen: „Eins, zwei." mit tödlicher Präzision wurden zuerst drei der Verfolger aus sicherer Entfernung getroffen. Einer der Verfolger auf der linken Seite und einer auf der rechten Seite brachen tödlich getroffen zusammen.

Der dritte war der Fahrer welcher hinterm Lenkrad mit einem Kopfschuss zusammen brach. Niemand bemerkte etwas. Kein Schuss war zu hören, benutzten alle drei doch ihre Schalldämpfer. Dann hörten wir Mathis drei sagen. Sofort erfolgte eine Ohren betäubende Explosion und warf die zwei Verfolger, welche beim Landeplatz waren, zu Boden - tödlich getroffen von den Splittern. Die Sprengkraft und der Explosionsdruck der Mine fielen gewaltig aus.

Vorsichtshalber öffnete ich den Mund, damit mir nicht bei der Explosion das Trommelfell platzte. Sofort rieselten Trümmerteile wie Regen auf die Erde herab. Die folgende Aktion ging blitzschnell. Doch für mich verlangsamte sich plötzlich alles wie in Zeitlupe. Wieder voll auf Adrenalin, sah ich alles kristallklar und jede Sekunde schien eine Minute zu werden. Ich hörte die Detonation und sprang völlig automatisiert aus meiner Deckung hervor und fing an mit meinem Sturmgewehr gezielt auf eine Person zu schießen. Getroffen von der Kugel brach die Person zusammen. Ich sah mehrere Mündungsfeuer und hörte so manche Kugel um mich herum surren.
Wie bei der Ausbildung ging ich drei Schritte vorwärts, ließ mich zu Boden fallen und rollte mich einen Meter zur Seite. Stand sofort wieder schießend auf, genau in die Richtung in der ich noch einen möglichen Gegner vermutete. Während ich wieder aufstand fing ich gleich wieder an ein mögliches Ziel zu suchen, doch es gab niemanden mehr. Keiner von den Verfolgern hat unseren Hinterhalt überlebt. Der Angriff war perfekt verlaufen. Während des Kampfgeschehens muss man immer wieder einen Standortwechsel vornehmen, damit man kein ruhendes Ziel bietet und somit leicht zu treffen ist. Das Überleben ist abhängig von der Schießkunst, von der Fähigkeit, die vorhandenen Waffen optimal einzusetzen und selbst nicht getroffen zu werden.

Wenn man vom Schießen redet, so ist davon untrennbar die Treffsicherheit. Diese muss so lange geübt werden, bis das Schießen und das Treffen zu einer Reflexreaktion geworden sind. Um gut und treffsicher schießen zu können, muss man systematisch trainieren und dabei die verschiedensten Methoden anwenden. Jede Gelegenheit zu Schießübungen sollte ausgenutzt werden. Treffsicheres Schießen ist lebenswichtig wie Wasser und Luft. Eine weitere Stufe der perfekten Schießkunst stellt eine besondere Form dar: den Heckenschützen, einen einsamen Kämpfer, der unablässig Einzelaktionen durchführt. Er beherrscht das Schießen auf kurze und lange Distanz, und seine Waffen sind für beides eingerichtet.

Ich war nun froh dass der Angriff vorbei war. Über Funk bekam ich mit, dass wir alle am Leben waren. Aus dem Augenwinkel konnte ich sehen, dass Mike dasselbe getan hatte wie ich. Genauso hatten wir einen Angriff immer wieder einstudiert. Es war die klassische Angriffsmethode der Infanterie, so genanntes Combat schießen. Ich fühlte mich etwas erleichtert und doch fühlte ich auch einen Widerspruch in mir. Es war nicht das erste Mal das ich dies spürte, doch es gab kein zurück. Der Zweck heiligt die Mittel. So muss es wohl sein, um sein Gewissen rein zu waschen. An was ich alles denke, wenn ich in extremen Situationen bin. Worüber ich nachdenke und die Zweifel die in mir aufkommen ob das alles auch richtig ist. Wer weiß das schon.
Zurück in die Realität. Wir drei standen da und sahen uns um. Niemand von den acht Männern hatte überlebt. Unser Plan ging perfekt auf. Wir hatten es geschafft und keiner von uns war verletzt. Alle standen noch unter Strom, das Adrenalin pochte durch unsere Adern und erzeugte ein eigentümliches Hochgefühl.

Und doch war da auf einmal ein Schweigen zwischen uns welches irgendwie seltsam bedrückend erschien. Es fühlte sich lauter und aufdringlicher an als der Lärm vorher.
Ich drehte mich zu den anderen beiden herum. Mathis und Mike starrten wie gebannt auf den Fleck, wo zuvor die Mine hochgegangen war. Es war nichts mehr von denen übrig die von der Mine erwischt wurden. Igor, Aiman und Tom gesellten sich nun auch zu uns. Jedem von uns war nicht gerade wohl zumute, als wir das Ergebnis sahen. Die Luft war erfüllt von dichtem Pulverrauch. Niemand lächelte und doch sah ich in ihren Gesichtern die Erleichterung darüber, dass die Bedrohung vorbei war. Zumindest dieser Teil. Wir töteten diesmal um unsere eigene Haut zu retten. Sonst taten wir es damit bessere Menschen nicht sterben müssten, aber natürlich auch für Geld.

Während des Kampfgeschehens hatte ich irgendwie ein Gefühl der Unbesiegbarkeit und eine Euphorie verspürt. Diese überdrehte, euphorische Stimmung, verursacht durch zu viel Adrenalin, hielt solange an bis ich Brasilien verließ. Aber bis dahin würde noch einige Zeit vergehen. Nachdem nun etwas Ruhe eingekehrt war, arbeiteten wir daran die Leichen ins Unterholz zubringen. Wir bedeckten sie mit Zweigen und Blätter in der Hoffnung das man sie nicht zu früh entdecken würde. Nun hatten wir etwas Zeit gewonnen. Doch wie viel, das wussten wir nicht wirklich. Es würde nicht lange dauern und irgendjemand würde ganz bestimmt die Männer vermissen und sie dann suchen gehen. Vielleicht hatte auch jemand die Explosion und das Feuergefecht gehört.
Wir mussten also unbedingt weiter. Wir sammelten die Waffen und Munition ein. Verteilten das was wir brauchen konnten und suchten uns etwas Deckung. An einer geschützten Stelle, in alle Richtungen abgesichert, nahmen wir uns die Zeit und versuchten uns ein Bild von der Situation zu machen.

Unsere Aufgabe bestand jetzt darin, die nächsten Schritte zu überdenken. Natürlich war es auch wichtig die Augen offen zu halten, doch mussten wir auch handeln. Und dazu war es notwendig, die Situation genau abzuschätzen.

Situations Analyse:

- Was an Ausrüstung hatten wir zur Verfügung?
- Das wichtigste war das PDA mit GPS, damit wir den Weg über die Grenze finden. Es war uns allen klar, dass wir übers Satellitentelefon nicht wirklich jemanden erreichen konnten der uns helfen kann.
- Welche Waffen und Munition hatten wir noch zur Verfügung.
- Wie viel Wasser und Nahrung war vorhanden?
- Wo waren wir genau?
- Wie weit war es bis zur Grenze?
- Wie lange würden wir wohl brauchen?

Wir standen in gebückter Haltung vor einer Karte, die Mike auf seinen Knien ausgebreitet hatte. Für den Augenblick fühlten wir uns sicher. Doch die Sicherheit war illusorisch, denn längeres Verweilen würde gezwungenermaßen zum Tode führen. Wenn man uns erwischen würde, wären wir völlig rechtlos - niemand hätte uns helfen können oder würde es tun. Warum auch, man hatte uns ja schon abgeschrieben. Wir, die solch einen Job ausführen, sind halt alle entbehrlich.
Unsere Chancen heil über die Grenze zu kommen waren ziemlich gering. Aussicht auf Erfolg bestand nur in unserer Hoffnung. In unserer Ausbildung trainierten wir die Spurensuche und Menschenjagd, in wildem, ländlichem oder städtischem Gelände. Ziel war es, niemals zum Gejagten zu werden, immer und überall der Jäger zu bleiben. Doch die Wahrheit sieht zuweilen anders aus.

Wir waren nun nicht mehr die Jäger, sondern die Gejagten.
Es war wohl nur eine Frage der Zeit bis man uns finden würde.
Von nun an waren wir auf der Flucht.

Alle Vorteile liegen beim Jäger. Es sind viele, sie kennen das Gelände und werden uns hetzen, aus Rache, Wut und das mit einem wahren Jagdeifer. Wirklich starke Motivationen.
Doch sind all diese Motive zusammen, nicht annähernd so stark, wie der Wille zu überleben. Bei allem was wir von nun an taten, durften wir unseren Gegner auf keinen Fall unterschätzen. Von nun an mussten wir uns immer in die Lage unserer Gegner versetzen und durften uns keinen weiteren Fehler erlauben, denn dies wäre dann unser Letzter.
Die Karte und das GPS Gerät zeigte uns wo wir nun waren und wo wir hin müssen. Uns war klar dass wir mit dem erbeuteten Fahrzeug zwar schneller vorankämen, aber dies würde auch bedeuten dass wir die Straßen benutzen müssten. Ein jeder der die Straße benutzte könnte uns leicht erkennen und identifizieren. Zumal auch die Windschutzscheibe ein Einschussloch hatte. Wir gehören halt nicht hierher und jedem den wir begegnen, würde dies sofort wissen. Also blieb uns nur der Weg durchs Gelände. Die andere Alternative war schlicht undenkbar. Wir wollten so schnell wie möglich vorwärts.
Je schneller und je weiter wir von hier weg kamen, umso besser für uns. Gewaltige, unübersehbare Massen von Bäumen richteten eine undurchdringbare Wand vor uns auf.

Der Anblick war überwältigend, wenn wir nicht das Problem gehabt hätten wieder nach Hause zu kommen.
Der Wald vor uns schien höhnisch zu grinsen, als wollte er uns herausfordern, das Innere zu betreten. Unser Weg führte geradewegs in die grüne Hölle.
Wir schlugen uns in die Büsche, verschwanden im Unterholz und sahen zu das wir gut vorankamen.

Hintereinander gingen wir im Gänsemarsch voran und redeten kein unnötiges Wort miteinander. Jedes laute Wort oder Geräusch könnte unsere Position im Labyrinth des Waldes verraten. Das Atmen wurde von Mal zu Mal schwerer, uns machte die hohe Luftfeuchtigkeit zu schaffen. Ständiges schwitzen führte dazu, dass unsere Kleidung überall an der Haut klebte und man immer das Gefühl hatte am ganzen Körper feucht zu sein, was ja auch stimmte. Alles Mögliche von der Ausrüstung fing mit der Zeit an zu reiben und nervte. Die hohe Lufttemperatur sorgte dafür das unsere Körper nicht so viel Nahrung zu sich nehmen mussten, andererseits benötigten wir so manche Kalorie für die kommenden Muskelanstrengungen, die uns noch bevor standen.
Schritt um Schritt gingen wir in Richtung der kolumbianisch-brasilianischen Grenze. Da der Weg ziemlich weit ist und wir gegebenenfalls feindlichen Kräften ausweichen mussten, einigten wir uns darauf es langsam an zu gehen, zumal unsere derzeitigen Verfolger ausgeschaltet waren.

Natürlich war uns klar, dass das Ausbleiben der acht Verfolger bald auffallen müsste. Irgendjemand würde sie vermissen, dann nach ihnen suchen und sie finden. Von da an würde es naturgemäß nicht mehr lange dauern und die Jagd auf uns ist eröffnet. Am liebsten hätten wir so viele Kilometer hinter uns gebracht wie es nur ging. Aber dann müssten wir uns schneller durchs Gelände bewegen und dies hätte wiederum zur Folge dass wir zum Schluss sehr erschöpft wären, wenn man uns stellt. Nein wir wollten bei Kräften bleiben und keine erschöpfte Beute werden. Nach einigen Kilometern änderten wir unsere eingeschlagene Richtung, um mögliche Verfolger abzuhängen. In der Ausbildung wurde uns beigebracht, erfinderisch und kreativ zu kämpfen. Man soll den Feind an seiner schwächsten Stelle angreifen und nicht an seiner stärksten. Unser Plan sah es nun vor, dass wir uns in Luft auflösten.

Selbst der Zauberer Houdini wäre stolz auf uns gewesen. In dem man von Baum zu Baum klettert hinterlässt man am Boden keine weiteren Spuren. Simpel aber wirkungsvoll wenn es funktioniert. Was wir jetzt benötigten war ein geeigneter Platz. Jeder von uns spähte aus nach Bäumen, deren Äste ineinander übergingen. Mike fand die richtigen Bäume und ging schnurstracks darauf zu. Er kletterte voraus und half dem nächsten von uns auf den Baum. Immer höher hinauf bis zu einem geeigneten Ast welcher zum nächsten Baum oder einen starken Ast vom Nachbarbaum reichte. Tom bildete das Schlusslicht von uns und verwischte alle Spuren am Boden so gut es ging. Als er auf den Baum kletterte, achtete er darauf, dass alle möglichen Kratzspuren an der Baumrinde mit Sand eingerieben waren. Es sollte keinen Hinweis geben. Es war schon etwas erschwerend mit unserer Ausrüstung so zu klettern. Wir kletterten wie die Affen von Baum zu Baum und konnten zum ersten Baum anfangs einen guten Abstand schaffen. Die Kletteraktion war wie ein Drahtseilakt und wir kamen mittlerweile nur noch langsam und mühsam voran. Immer seltener fanden wir geeignete Äste um von Baum zu Baum zukommen.

Manchmal musste Tom voraus in einen gegenüber stehenden Baum ohne Ausrüstung springen da der Abstand samt Ausrüstung zu weit war. Sobald er einen guten Stand hatte warfen wir ihm sein Zeug zu. Die Ausrüstung war schwer und nicht wirklich für solche Aktionen geeignet. Zu diesen Strapazen kamen noch die Schwierigkeiten, die uns das ungewohnte Klima allmählich bereitete. Wie sollte es auch anders sein, kam der Zeitpunkt an dem wir nicht mehr so einfach von Baum zu Baum gekommen waren. Zu Aimans Ausrüstung gehörte zum Glück ein zwanzig Meter langes Kletterseil. Mike verband das eine Ende des Seils mit einer der erbeuteten AK47.

Dann warf er dieses zum nächst günstig stehenden Baum. Mit der Hoffnung das sich das AK47 darin verkeilt und wir am Seil zum Baum hinüber klettern konnten. Das ein oder andere Mal rutschte unser neuer Kletterhaken leider ab.
Also auf ein Neues. Wir versuchten die gesamte Länge des Seils zu nutzen und waren manchmal mit drei oder vier Bäumen gleichzeitig verbunden. Es kam allerdings auch vor das wir alle sechs auf einem Baum waren. Im Nachhinein war dieser Anblick bestimmt amüsant. Am einfachsten hatte es immer Tom. Sobald wir fünf alle auf dem nächsten Baum waren, samt unserer und Toms Ausrüstung, hatte er die ehrenwerte Aufgabe das Seil zu lösen. Er durfte dann wie Tarzan an einer Liane zum Baum hinüber schwingen. Immer darauf bedacht, dass wir bei unserer Kletteraktion keine Spuren hinterlassen, sonst wäre alle Mühe umsonst gewesen.

Einfach gar nichts durfte darauf hinweisen das wir den Weg über die Bäume gewählt haben. Sie sollten lieber denken wir hätten uns wirklich in Luft aufgelöst, was natürlich nicht sein kann. Ergo, unsere Verfolger müssten nun viel Zeit damit verbringen unsere Spur wieder zu finden. Unser Ablenkungsmanöver kostete uns zwar einige Zeit, aber die Verfolger würden noch mehr benötigen, um Anschluss zu finden und um der neuen Fährte zu folgen, vielleicht würden sie sie sogar komplett verlieren und dann sogar aufgeben. Doch ein guter Waldläufer und Jäger würde nach einiger Zeit unsere Spur wiederfinden. Es ging in erster Linie darum Zeit vor den Verfolgern zu gewinnen. Dann ging es selbst mit dem Seil auf den Bäumen nicht mehr weiter. Wir mussten wieder runter klettern und gingen rückwärts weiter. Jeder gab sich alle Mühe in den Fußspuren des Vorgängers zu gehen. Tom hatte wieder die besondere Aufgabe unsere Spuren zu verwischen. Er wusste besonders viel über Spurensuche und wie man diese verwischt.

Tom war Amerikaner und ist in der Wildnis aufgewachsen. Sein Vater und sein Großvater waren Jäger und haben ihm alles beigebracht was es mit der Jagd und Spurensuche auf sich hat. Er war einer der besten Fährtenleser die ich kannte.

Schweigend setzten wir unseren Weg durch die Wildnis fort. Geäst, Schlingpflanzen und Luftwurzeln erschwerten unseren Weg weiterhin. Stunde um Stunde verging ohne dass wir einer Menschenseele begegneten. Nach vielen Stunden des Laufens wurde der Wald etwas lichter. Vor einer Waldrodung stoppten wir und gingen in Deckung. Vorsichtig überprüften wir die Umgebung. Doch nichts Aufregendes war zu erblicken. Außer meterdicke Stämme, die erst vor kurzem geschlagen wurden und auf den Abtransport warteten. Unwillkürlich schoss mir bei diesem Anblick ein Gedanke durch den Kopf. Die Stämme lagen wie aus einer Schachtel geschüttete Streichhölzer durcheinander herum. Zurzeit war niemand mehr da, sodass wir in aller Ruhe das Terrain erkunden konnten. Die Umgebung war nicht schlecht. Hier könnten wir uns nötigenfalls sogar einigermaßen gut verteidigen, falls man uns finden und angreifen würde. Bei unserer Suche und Überprüfung fanden wir zumindest drei Plastikflaschen, wir packten sie ein. Doch dann fanden wir nichts mehr was unser Interesse erregte. Daraufhin wandten wir unsere Aufmerksamkeit den Spuren zu, die deutlich zu sehen waren.

Es gab unterschiedliche Reifenspuren die die Straße hinauf führten. Die Straße ging genau in die entgegengesetzte Richtung, und war somit für uns völlig uninteressant.
Da es noch hell war gingen wir weiter in Richtung Grenze. Wir folgten einem verhältnismäßig breiten Pfad und kamen nun etwas besser voran. Wir mussten weiter, denn hier könnte es bald wieder vor Arbeitern wimmeln und dass uns jemand sah, lag nicht in unserem Interesse.

Schon nach wenigen Kilometern endete der Pfad.
Immer wieder ermittelten wir mit dem PDA unseren Standort und korrigierten nötigenfalls unsere Marschrichtung. Alle paar Meter änderten sich die Lichtverhältnisse. Manchmal konnte man den Himmel sehen, dann wiederum verhinderte ein Meer aus Blättern die Sicht nach oben. Das Wetter war den ganzen Tag über sehr schwül gewesen, doch inzwischen veränderte sich etwas. Es sah nach Regen aus und es fing nun auch langsam an dunkel zu werden. Die Wolken oben am Himmel hingen tief und in der Ferne hörte man das Grollen des Donners. Dies hatte natürlich für uns einen Vorteil wenn es anfangen würde zu regnen. Unsere Spuren würde der Regen vernichten und es unseren Verfolgern zunehmend erschweren uns einzuholen.

Mit dem Wissen, das es nun bald dunkel werden würde, gingen wir Schritt für Schritt, Meter für Meter weiter. Mittlerweile sahen wir uns nach einem geeigneten Platz um, wo wir übernachten konnten. Nach einer Stunde war die Sicht nicht mehr so gut und der Regen prasselte schon auf uns herab. Trotzdem gingen wir weiter jeder Meter zählte auch wenn wir nun noch schwer vorankamen. Die Geräusche des Waldes gingen unter. Der immer stärker werdende Regen verschluckte bald jedes natürliche und unnatürliche Geräusch. Dann goss es wie aus Eimern und wollte nicht mehr aufhören. Ein tropischer Wolkenbruch. Regen machte uns nichts aus, aber wir mussten nun unbedingt Halt machen. Zum einen war es zu gefährlich im Regen weiter zugehen, da wir nichts mehr hörten und unsere Sicht eingeschränkt war. Zum anderen war es an der Zeit das wir uns endlich ausruhen und um zu übernachten.

Die Bäume waren sehr groß und wir überlegten ob wir uns verteilt in den Bäumen verstecken sollten.

Nach oben klettern sich anbinden und schlafen.
Dies würde uns vor möglichen Tieren schützen, doch falls man uns entdeckte wären wir gute Zielscheiben. Schließlich entschieden wir uns am Boden zu bleiben. War doch das Risiko größer in den Bäumen entdeckt zu werden als am Boden von Raubtieren angegriffen zu werden. Da es nicht wirklich einen idealen Platz zum Übernachten gab, versteckten wir uns im Unterholz neben dem kleinen Trampelpfad, dem wir die ganze Zeit über folgten. Die Dunkelheit beherrschte von nun an unsere Augen und ab und an brach etwas Licht vom Mond durch das Blätterwerk. Wir verteilten uns im Dickicht des Waldes und suchten etwas Sichtschutz zwischen den Büschen und Bäumen. Mathis wollte die erste Wache übernehmen und im Stundenrhythmus würde dann der Wechsel stattfinden, damit jeder etwas schlaf erhielt. In sechs Stunden wollten wir wieder aufbrechen. Zum Glück hörte der Regen auf, so schnell und heftig wie er gekommen ist, war er auch wieder verschwunden. Es war als ob jemand den Wasserhahn zugedreht hätte.

Etwas verteilt lagen wir versteckt im Dickicht und versuchten ein wenig Schlaf zu finden. Die Augen waren nun schwer nach all den Stunden. Innerhalb weniger Minuten nach dem der Regen aufgehört hatte, fing der Wald an wieder zu leben. Im dichten Unterholz um uns herum, raschelte und zirpte es ohne Pause. Schatten huschten vorüber und Moskitos fielen über uns her. Je leiser wir waren desto lauter wurde die natürliche Umgebung. Die Geräusche des Dschungels erzeugten einen gleichbleibenden Geräuschpegel im Hintergrund. Seit nun fast sechsunddreißig Stunden waren wir mehr oder weniger wach. Niemand von uns hatte damit gerechnet dass wir so lange unterwegs sein würden. Sah doch der Auftrag aus wie jeder andere, den wir durchgeführt hatten. Doch dass er so ausarten würde, damit konnte keiner rechnen.

Dies erinnerte mich an meinen Ausbilder in Israel. Er pflegte zu sagen: „Kein Plan verläuft je reibungslos. Früher oder später muss man sich einer unvorhergesehenen Situation stellen."
Dies war wohl nun so eine von der er immer sprach.

Gerade als sich bei uns die Situation etwas entspannte, weil der Regen aufgehört hatte und wir uns etwas Ruhe gönnten, hatte Mathis der die erste Wache übernahm, etwas gehört.
Über Funk sagte er nur ein einziges Wort: „Spähtrupp."
Sofort waren wir anderen fünf hell wach und hielten Ausschau. Um uns herum verstummte wie auf Kommando der Dschungel. Es dauerte nur wenige Atemzüge nach seiner Warnung da hörten es auch wir anderen fünf. Einige kehlige Stimmen redeten miteinander spanisch und das Brechen von Zweigen war nun deutlich zu hören. Sie kamen immer näher.
Ich sah hinüber zu Mathis, von meinem Platz aus konnte ich ihn gut sehen. Sah sein Gesicht plötzlich reglos werden, so als wenn es sich versteinern würde. Gespannt lauschend sah er in die Richtung aus der die Geräusche zu uns hinüber drangen. Mechanisch verfolgte ich mit meinen Augen seine Blickrichtung. Dann im äußersten Augenwinkel konnte ich die heran kommende Gefahr wahrnehmen.

Langsam und leise drehte ich mein Sturmgewehr genau in die Richtung aus welcher die Gefahr kam. Legte meinen Finger um den Abzug und wartete darauf abdrücken zu müssen.
Ich konnte nun vier einheimische Personen erkennen die Waffen trugen. Sie gingen dicht beisammen hintereinander und waren nur noch wenige Meter entfernt. Sie waren durchnässt wie wir selbst und schimpften und fluchten vor sich hin, während sie dem Pfad folgten. Jede Sekunde brachte sie näher vor die Läufe unserer Gewehre. Nichts ahnend das dieser Weg ihr sicheres Todesurteil sein könnte, kamen sie weiterhin näher.

Egal welchen Auftrag sie auch hatten, eines war klar ersichtlich für uns und vielleicht auch unser Vorteil, sie waren nicht sehr erfreut darüber, dass sie im Regen durch dieses wilde Gelände marschierten. Jeder von uns hatte nun seinen Finger am Abzug, würde es zu einer Konfrontation kommen, würden die vier nichts hören. Sie wären schon längst tot, noch bevor sie begreifen würden was wirklich passiert ist. Unsere Schalldämpfer würden jeden lautlos erschießen und das Geräusch des Schusses schlucken. Doch insgeheim hofften wir, dass sie keinen Verdacht schöpfen und weiter gingen.
Es lag zwar keine Nervosität in der Luft und doch war etwas zu spüren. Jeder von uns
war sicherheitsorientiert und dachte über die Folgen nach, die eventuell entstehen könnten. Ein weiterer Zwischenfall würde unweigerlich noch mehr Aufsehen erregen und für uns würde es immer schwerer werden über die Grenze zu kommen.
Mit der Waffe im Arm und den Finger um den Abzug lag ich rücklings im Dickicht und spähte vorsichtig aus meinem Versteck heraus. Wenn sie uns nicht entdeckten, würden wir sie am Leben lassen. Es ist eine erschreckende, emotionale Angelegenheit über Leben oder Tod eines anderen Menschen zu bestimmen. Es ist eine Form von Macht, ein verrücktes, gefährliches Spiel, bei dem man schnell Blut lecken kann, man sollte sich besser nicht daran gewöhnen.

Ich sah, dass die Männer redend an mir vorbei gingen. Ihre Gesichter blieben mir weitest gehend im Dunkeln verborgen. Der Mann, der von den Vieren die Nachhut bildete war gerade an mir vorbei gegangen, als er auf einmal abrupt stehen blieb und angestrengt lauschend in die Gegend sah. Scheiße, dachte ich. Hatte der Kerl unsere Blicke gespürt oder hat er etwas Auffälliges gesehen, ein metallisches Blinken das ihn nun beunruhigte und misstrauisch machte.

Plötzlich nahm er sein AK47 in Anschlag und versuchte angestrengt ins Dickicht hinein zu lauschen. Ich spürte wie mein Herz gegen meine Rippen hämmerte. Ich glaubte schon er könnte meinen Herzschlag hören und hielt unwillkürlich den Atem an. Die Situation war angespannt, es knisterte förmlich in der Luft und jeder überlegte ob er abdrücken sollte.

Tom, Aiman und Igor hatten bestimmt schon ein mögliches Ziel im Visier, ihre Scharfschützengewehre waren nicht nur mit einem Zielfernrohr ausgestattet, sondern mit einem Infrarot Restlichtverstärker. Die Silhouetten der vier Männer waren im Mondlicht leicht grünlich zu sehen und boten damit ein leichtes Ziel für jeden Scharfschützen. Es waren nur vier und wir zu sechst. Einer der drei Vorangegangenen sah, dass der letzte Mann stehen geblieben ist und angespannt in die Dunkelheit sah. Dann rief er seinen Namen: „Pedro, was ist los, komm schon wir müssen uns beeilen".

Wir befanden uns an einem wirklich kritischen Punkt, jeden Augenblick konnte etwas passieren, jeder von uns wusste was hier und jetzt auf dem Spiel stand. Die Kerle sind keine Profis, allzu oft nervös und schnell mit dem Finger am Abzug.

Zwei Sekunden später, ließ Pedro die Waffe sinken und schloss sich mit schnellen Schritten den anderen wieder an. Ich atmete hörbar erleichtert auf und dachte scheiße das war knapp.

Der Spähtrupp, der von unserer Anwesenheit nichts mitbekam und geräuschvoll weiter lief, kam dann langsam außer Hörweite. Dann Mathis wieder: „Alles ruhig". Es war eine rein taktische Entscheidung von uns und kein Mitleid welches ihnen das Leben rettete. Immerhin hatten wir keine Ahnung wohin der Pfad führte den sie entlang kamen und wie häufig und von wem er benutzt wurde. Wir hatten auch keine Informationen darüber, ob ihnen noch jemand folgen würde und womöglich schon hierher unterwegs war.

Wenn wir diese Männer töteten, würden wir dadurch vielleicht andere alarmieren, eventuell sogar eine größere Patrouille, die schon die ganze Zeit nach uns sucht und bis dato nicht wusste wo wir uns im Moment aufhielten.

Der Rest der Nacht verlief eigentlich ohne weitere Störung, sodass wir später abwechselnd etwas Schlaf fanden. Zuvor musste Mike, der gleich in meiner Nähe lag, mich noch etwas ärgern. Es war ein kleines neckisches Spiel zwischen uns. Er ist sehr gläubig und ich nicht. Somit kam es immer wieder zu manchen interessanten Gesprächen zwischen uns beiden. „Du Chris, ich weiß das der liebe Gott mich hier aus dieser Scheiße rausbringt, aber bei dir bin ich mir gar nicht sicher. Schlaf gut." Mit einem Grinsen im Gesicht erwiderte ich nur: „Fuck you."
Von nun an herrschte Ruhe zwischen uns allen. Jedem war bewusst das wir Ruhe und Schlaf brauchten.
Im Dämmerzustand zwischen Wachheit und Schlaf, kam es mir immer wieder in den Kopf, dass man uns zurück gelassen hat. In mir wuchs allmählich der Hass auf die Person, welche dafür verantwortlich war und bemächtigte sich meiner.
Einer meiner schlechten Eigenschaften ist es wohl, dass ich sehr rachsüchtig bin. Ich malte mir so manchen Rachegedanken in meinem Kopf bildlich aus und wusste, dass es mit an Sicherheit grenzender Wahrscheinlichkeit kein gutes Ende nehmen würde. Ich wollte auf einmal diesen Gedankengang nicht mehr weiter verfolgen, beeinträchtigte er doch meine Sicht in Hinblick auf die jetzige Situation. Um mich selbst etwas optimistisch zu stimmen dachte ich an den vergangenen Tag zurück. Insgesamt gesehen war der Tag gar nicht so schlecht verlaufen, immerhin waren wir noch am Leben.

Es ist nun ca. 22.00 Uhr und wir waren nun seit 5.30 Uhr auf der Flucht. Seit nun genau 21,5 Stunden wach, macht zusammen 38 Stunden. Es war an der Zeit sich etwas Ruhe zu gönnen. Die Augen wurden immer schwerer. Nun fand auch ich etwas Schlaf und dabei lag mein Sturmgewehr immer in meinem Arm, den Finger ständig am Abzug, um nötigenfalls sofort zu reagieren. Nach einigem Hin und Her schlief ich zum Glück endlich ein. Es war klar, ich würde sämtlichen Schlaf gut gebrauchen, den ich bekommen konnte.

Auf einmal hörte ich Rudergeräusche. Ich stand auf und sah zu einem Fluss hinüber auf dem ein niedriger langer Kahn daher kam. Sofort nahm ich den Geruch von Zersetzung und Verwesung wahr. Ich wusste wer dort gekommen war. Es war der Fährmann und er schaute zu mir herüber. Auf den Bänken hockten einige tote Passagiere. Ich sprach ihn an: „Wie ich sehe hast du wieder gut zu tun". Der Fährmann kicherte: „Klar es wollen viele hinübersetzen". Er ruderte näher an mich heran und ich konnte die dürre Gestalt mit seinem schwarzen Mantel genauer betrachten. Das skelettartige Gesicht, lächelte mich nun bösartig und grausig an. Auf einmal traf mich eine unbarmherzige Kälte wie ein Peitschenschlag. „Was willst du von mir, ich habe nicht vor einzusteigen.", sagte ich zu ihm. „Heute nicht. Aber es dauert bestimmt nicht mehr lange" erwiderte er kichernd. „Verpiss dich" antwortete ich darauf. „Wie heißt es so schön: Highway to hell. Du hast diesen Weg doch schon längst angetreten, fraglich ist nur wie weit der Weg ist, den du gehen musst, aber ein Ende gibt es und da warte ich auf dich. Diese drei hier im Kahn und er zeigte mit seinem Zeigefinger auf drei Personen gehen mal wieder alle auf dein Konto, du bist ein guter und verlässlicher Lieferant.", kicherte er zu mir herüber. „Und du bist nichts weiter als ein böser Traum und wenn ich später aufwache bist du fort", erwiderte ich.

Der Fährmann fing wieder an zu rudern. „Mag sein, aber ich bin immer bei dir, ob du nun schläfst oder wach bist. Ich werde zu gegebener Zeit da sein. Ob du dich nun endlich selbst umbringst oder ob es dich eines Tages erwischt. Und glaub mir, das wird dann eine ganz besondere Fahrt für mich sein, du hast dann den ganzen Kahn für dich ganz alleine".
Der schmale Kahn entfernte sich zunehmend und der Fährmann ließ zum Abschluss sein schauriges Lachen erklingen.
Immer wieder hatte ich trainiert meine Gefühle während eines Einsatzes auszublenden. Immer wieder entschieden Präzision und Kontrolle über den Ausgang einer Mission. Erst nach den Einsätzen wenn ich alleine war, ließ ich mich gedanklich auf die vergangenen Geschehnisse ein und das war nicht immer angenehm. Mittlerweile war der Fährmann für mich zu einem unwillkommenen Teil meines Lebens geworden um alles Erlebte zu verarbeiten.
Auch wenn wir ziemlich ausgeglichen wirkten so wusste ich, dass Kämpfer den Stress auf die unterschiedlichsten Arten abbauten. Es ist wohl kein Geheimnis, dass so mancher Scharfschütze sich bisweilen betrank, um mit dem psychischen Druck fertig zu werden. Ich für meinen Teil probierte es mit Meditation. Und doch kamen die Träume zurück, sie kamen immer wieder, denn es sind die Geister die ich freiwillig nie rief. Es sind die Stimmen der Vergangenheit. Heute ist mir klar, dass ich damit leben muss und werde. Doch nach dem Traum mit dem Fährmann wurde mir eines bewusst - ich werde überleben. Nun hatte ich eine Aufgabe und nichts auf dieser Welt würde mich daran hindern.

Ich hatte kaum geschlafen in dieser Nacht, so kam es mir jedenfalls vor. Nicht nur dieser Albtraum der mich immer wieder verfolgte auch die nächtlichen Geräusche waren dafür verantwortlich.

Jedes Mal, wenn ich einen Laut vernahm, den ich noch nicht zuordnen konnte, war ich aufgewacht und angespannt um weiter zu lauschen. Je länger ich den Geräuschen lauschte, umso mehr unterschied ich die einzelnen Geräusche voneinander. Es war wie ein Training in dem man lernt zu erkennen welche Geräusche natürlichen Ursprungs sind oder ob von denen eine mögliche Gefahr ausging.

Nach 5 Stunden Schlaf weckte mich Mike vorsichtig, ich hatte die letzte Wache. Ich öffnete die Augen und sah nach oben. Mein Blick verlor sich in einem heillosen Gewirr aus den unterschiedlichsten Formen. Alles ineinander verfilzt, Zweige und Blätterwerk, Lianen und Hängemoose bildeten ein geschlossenes Dach. In dem Augenblick wurde mir die ganze Schönheit dieser brutalen Wildnis bewusst.

Gleich darauf wieder verwarf ich den Gedanken und übernahm meinen Wachdienst. Ich stand auf und starrte wie gebannt in die Dunkelheit hinein, so als wenn ich nach jemanden Ausschau halten würde, doch es war niemand zu sehen. Dann begab mich in eine günstige Position um den kleinen Pfad zu beobachten. In die Nacht lauschend vernahm ich so manche Geräusche die mein Unterbewusstsein nun endlich zuordnen konnte. Oberflächlich betrachtet ist es im Dschungel sehr ruhig, doch sobald man genau hinhört wurde es immens laut. Und dann kam es auch schon, ich hörte ein Summen, das wie eine ganze Armee Insekten klang. Ich erwartete, in den nächsten Sekunden angegriffen zu werden, doch im Moment hielten die Biester sich zurück.

Na dann, vielleicht ein andermal dachte ich und konzentrierte mich wieder auf meine Aufgabe. Trotz Konzentration auf meine Aufgabe bemerkte ich, dass meine Füße in den Stiefeln mittlerweile angeschwollen waren. Die Stiefel waren zwar eine Nummer zu groß und das genau mit Absicht, denn wenn man all zulange unterwegs ist schwillt der Fuß an. Ich hatte sie nun wirklich viel zu lange an und nach all den Strapazen ist es kein Wunder, dass meine Füße angeschwollen sind.

Es wäre auch schön die Socken zu wechseln, aber keiner von uns hatte weitere Socken bei sich. Wieso auch, war doch dieser Ausflug nicht in diesem Ausmaße vorgesehen.
In meiner Ausbildung lernte ich auf viele Kleinigkeiten zu achten wie z.B. auf ein zweites Paar Socken. So mancher Leser mag sich nun eventuell fragen was daran so wichtig ist, doch Leute vom Militär, gerade die in einem Krieg waren, wissen genau wovon ich schreibe. In der derzeitigen Situation in der wir uns befanden konnten wir auf keinen Fall unsere Stiefel ausziehen, um die Socken gar zu trocknen.
Nein, niemals, mussten wir doch zu jedem Zeitpunkt damit rechnen das uns eine unliebsame Patrouille überraschte und dann stelle man sich vor man muss erst seine Socken an ziehen oder ist zum Schluss gar barfuß auf der Flucht. Welcher Irrsinn.
Nach einer Stunde weckte ich die anderen.
Es war 4.00 Uhr in der Früh und wir machten uns wieder auf den Weg. Der Morgen war klar, hell und tödlich.
Der neu angebrochene Tag brachte den gleichen Kampf mit dem Dschungel. Ständig spähten wir voraus, mussten auf der Hut sein. Auf einmal stieg uns der beißende Geruch von Ammoniak, der für die Herstellung des Kokains ist, in die Nase. Ohne dass man im ersten Augenblick hätte sagen können, woher er kam, war uns doch sofort bewusst, dass hier in der Nähe ein Kokainlabor betrieben wurde. Jetzt galt es besonders aufzupassen. Zu jedem Kokainlabor gab es paramilitärische Guerilla-Kämpfer die das Labor beschützen und einem bestimmten Drogenbaron oder Kartell unterstellt sind. Wir gingen davon aus, dass um das Labor herum bestimmt Fallen und Alarmanlagen errichtet wurden.
Ruhig und langsam duckten wir uns und spähten in alle Richtungen. Niemand sagte ein Wort oder bewegte sich großartig. Die Waffe gesichert, hörte ich auf jedes Geräusch, starrte mit weit offenen Pupillen in die grüne Hölle und wartete.

Nachdem wir die Quelle des Geruchs lokalisiert hatten, bewegten wir uns Zentimeter um Zentimeter fort aus der Gefahrenzone und machten einen großen Bogen um den möglichen Standort des Labors. Jetzt war uns klar woher die nächtliche Patrouille war.

Jeder Schritt in den oft undurchsichtigen Urwald barg eine neue Gefahr für uns. Nicht nur die Menschen denen wir begegnen könnten uns töten, sondern auch die Tiere welche hier im Urwald lebten. Gefährliche Tiere können neben den großen Tieren wie den Jaguaren, dem Bullen-Hai oder der Anakondas auch die kleinen giftigen Tiere sein. Mitunter sind diese noch tödlicher. Vor allem im warmen Norden und in den tropischen und subtropischen Zonen um den Äquator tummeln sich teilweise farbenprächtige aber auch ganz unscheinbare, sehr gefährliche Tiere. Das heißt aber nicht, dass es nicht auch in den kälteren Regionen im Süden giftige Tiere gibt. Aufgrund der natürlichen Gegebenheiten mit einem feucht-warmen Klima ist die Artenvielfalt der Spinnen, Schlangen und der Frösche im Amazonasurwald sehr groß. So schön wie manche sind, so tödlich sind sie aber auch. Als bestes Beispiel sollen hier einmal die farbenprächtigen Baumsteigerfrösche (Dendrobatidae), auch Pfeilgiftfrösche oder Farbfrösche, die vom Amazonasdschungel und den mittelamerikanischen Regenwäldern bis in das Hochland von Ecuador ihren Lebensraum haben, genannt werden. Ein weiterer höchst toxischer Frosch ist der schreckliche Blattsteiger oder schrecklicher Pfeilgiftfrosch genannt, gegen dessen Gift es noch kein Gegenmittel gibt. Er gilt als der giftigste Frosch überhaupt. Ähnlich gefährlich sind auch ein paar der vielen Spinnenarten auf dem Kontinent. Ingesamt, so schätzt man, gibt es weltweit 35 000 Spinnenarten, aber nur eine Handvoll ist für den Menschen gefährlich. Hervorzuheben sind hier vor allem die Brasilianischen Wanderspinnen (Phoneutria spp.), die auch als Bananenspinnen oder Armadeiraan bekannt sind.

Doch dummerweise leben noch lange nicht alle der giftigsten Spinnen Südamerikas versteckt und weit ab von menschlichen Anwesen. Einige von ihnen haben nicht nur die Nähe zum Menschen gewählt, sie fühlen sich auch in der Kälte ganz wohl. Die nur wenige Millimeter große Loxosceles laeta gilt als die Loxosceles-Art mit dem gefährlichsten Biss. Da es bislang kein Antidot gibt, sind die Wunden der Opfer, falls sie den Biss überleben, grauenhaft. Die nicht aggressive und nachtaktive Araña de Rincon, hält sich vor allem in dunklen Ecken und Schränken auf. Und dann gibt es noch die Vogelspinne Goliath giftig aber auch eine Delikatesse bei den Einwohnern im Dschungel. Der Brasilianische Riesenläufer kann bis zu 26cm groß werden. Biss und Giftwirkung können für Menschen vorübergehend sehr schmerzhaft sein.

Eine weitaus größere Gefahr waren kleinere, im ständigen Dämmerlicht kaum erkennbare Vipern. Sie hingen manchmal von den Ästen und größere Schlangen, wie die Buschmeister, konnten jeden Augenblick aus dem Unterholz auf uns zu schnellen. Falls einer gebissen würde, wäre es bald zu Ende mit ihm. Unsere medizinischen Notfallreserven sahen einen Schlangenbiss nicht vor und schon gar nicht das wir längere Zeit in dieser Wildnis verweilen müssten.

Trotzdem bewegten wir uns ziemlich sicher durch dieses Gelände. Etwa 7 Stunden später war vor uns ein breiter, flacher Fluss der in unsere Richtung, die wir gingen, weiterfloss. Dies eröffnete uns eine weitere Möglichkeit eventuelle Verfolger abzuschütteln.

Doch vorerst nutzten wir sofort die Gelegenheit um etwas zu trinken und unseren Wasservorrat wieder aufzufüllen. Nachdem wir uns etwas erfrischt hatten, stellten wir fest dass der Fluss ideal war, um unsere Spuren zu verwischen.

Wir gingen ins Wasser und folgten dem Verlauf des Flusses. Der Fluss war ziemlich flach was auch wieder gut für uns war.

Unsere Stiefel waren zwar nicht wasserdicht aber hielten schon einiges aus. Es gibt nichts Schlimmeres als tagelang mit nassen Socken und Stiefeln unterwegs zu sein.
Jeder von uns musste unbedingt darauf achten, dass er auf keinen größeren Stein oder einer Wurzel im Wasser stieg.
In unserer Ausbildung hatten wir gelernt dies bewusst zu vermeiden. Täten wir dies nicht, könnte es sein, das unter einem Stein, auf den man drauf steigt, irgendein Lebewesen ist und durch unser eigenes Körpergewicht dann vom Stein erdrückt wird. Ein guter Spurensucher würde genau solche Steine oder Wurzeln anheben umdrehen und nachschauen ob es ein erdrücktes Lebewesen gibt bzw. ob etwas tief eingedrückt wurde. Und wenn dies geschah so könnte man selbst im Wasser unserer Spur folgen.
Vorsichtig Schritt um Schritt gingen wir weiter.
Nach ca. 200 Meter aufwärts verließen wir den Fluss wieder und schlugen unseren Weg weiter durchs Dickicht fort in Richtung Grenze. Um es möglichen Verfolgern schwerer zu machen bauten wir kleine Fallgruben ca. 40cm im Quadrat. Punji Stakes (angespitzte Stöcke) werden so angebracht das der Verfolger mit einem Fuß in die Falle fällt und von diesen aufgespießt wird.

Dann wurde alles mit Ästen und Blättern bedeckt. Eine alte, bekannte Falle/Waffe die schon im Vietnam Krieg gegen die Amerikaner eingesetzt wurde - und das mit Erfolg.

Des Weiteren bauten wir einige Schwingfallen - Bamboo Whip genannt, aus Lianen und Pfeilen.

Alle diese Waffenfallen würden keinen töten, aber aufhalten. Des Weiteren würde eine anhaltende psychologische Stresssituation die Verfolger ängstigen. Wenn wir verfolgt werden, würde es unseren Verfolgern schwerer fallen uns einzuholen. Immer wieder müssten sie mit solchen Fallen rechnen. Nie konnten Sie sicher sein das es keine Fallen mehr gibt. Nun hatten wir einen Vorteil und dieser Vorteil bestand darin, dass unsere Verfolger unsicher wurden.
Unsere Vorräte waren gleich Null. Für diesen Einsatz war ja auch nicht vorgesehen dass wir uns längere Zeit dort aufhalten sollten. Unterwegs aßen wir das Kleingetier was wir auf unserem Weg fanden. In der Ausbildung mussten wir auch alles Mögliche essen, ob Würmer, Maden, Schnecken oder Ameisen alles was kreucht und fleucht kann man essen. Dank des hohen Gehalts an Mineralstoffen, Spurenelementen und Omega-Fettsäuren sowie wertvollen Proteinen sind diese Tiere eine wertvolle Bereicherung um zu überleben. Es ist nur der anerzogene Ekel der einen davon abhält.
Es war nun aber an der Zeit das wir wieder etwas mehr Nahrung zu uns nehmen sollten. Nichts leichter als das, sind wir doch in einem Dschungel in dem es nur so vor Tieren wimmelt.
Obwohl wir die Gejagten waren, nahmen wir uns die Zeit

und wurden zum Jäger. Tom, einer der besten Jäger in meinen Augen, übernahm es das Wild zu schießen und wir versteckten uns im Dickicht des Dschungels und sicherten nach allen Seiten ab. Wir wurden wieder eins mit unserer Umgebung, um Tom die Jagd zu erleichtern. Es dauerte keine zwanzig Minuten und schon kam Tom mit einem toten Brüllaffen zurück.

Ein Feuer zu machen in solch einer Situation ist immer ein Problem, gerade wenn man verfolgt wird. Im Dschungel müsste der Rauch unbedingt senkrecht aufsteigen, aber dadurch könnte der Rauch weit zu sehen sein. Zu leicht würde er unseren derzeitigen Standort verraten. Kriechender Rauch, der Geruch des Feuers ist weithin zu riechen und könnte uns dadurch genauso verraten. Also aßen wir alles roh. Ich hatte schon besseres gegessen, aber in der Not frisst der Teufel auch Fliegen. Mathis sah auf und sagte: „Ist ja mal richtig gut.", er machte eine Pause, schaute uns spöttisch an und schien zu lächeln. Doch in seiner Stimme lag kein Humor. „Mal sehen was es dann morgen so gibt." Nachdem wir gesättigt waren wurde der restliche Kadaver verscharrt.

Dann machten wir uns weiter auf in Richtung Grenze. Der Weg war noch weit, aber immerhin hatten wir nun etwas im Bauch. Wir waren nun den ganzen Tag auf den Beinen, als die Dämmerung hereinzubrechen drohte. Viele Kilometer waren wir unterwegs und durch eine unbarmherzige Wildnis gegangen. Kein Fluss oder Weg unterbrach das unermessliche Meer des Waldes, bis sich dann vor unseren Augen ein neuer Anblick eröffnete. Nun standen wir am Rande eines Bergabhanges. Und unten ging der Dschungel weiter. Wir überlegten kurz ob wir bei dieser schlechten Sicht in der Dämmerung den Abstieg wagen sollten. Außen herum zu laufen war zu weit und würde zu viel Zeit in Anspruch nehmen. Sollten wir lieber bis morgen Früh warten und dann den

Abstieg in Angriff nehmen? Unsere Einsatzausrüstung war für den Abstieg nicht unbedingt zweckmäßig. Wir hatten nur ein zwanzig Meter langes Seil und nur zwei von uns waren erfahrene Bergsteiger, wir anderen hatten nur wenig Erfahrung damit. Nur das was wir in der Ausbildung gelernt hatten, dies musste ausreichen. Der Vorteil für uns lag ganz leicht auf der Hand. Wenn wir nun den Abstieg machen, konnte man uns schwerer in der Dunkelheit ausmachen. Auch hätten wir eventuellen Verfolgern den Abstieg voraus. So entschieden wir uns für den nächtlichen Weg nach unten. Um keine weitere Zeit zu vergeuden machten wir uns an die Arbeit.
Igor ging voraus und Tom sollte das Schlusslicht sein. Ein jeder sicherte den anderen. Sechs Mann verbunden mit einem Seil. Es bereitete große Schwierigkeiten und erforderte viel Feingefühl und Umsicht. Ein steiler Abstieg ist immer etwas schwieriger und gefährlicher als ein steiler Aufstieg und unter den herrschenden Bedingungen machte sich diese Tatsache besonders bemerkbar.
Bald schon ging es nicht mehr so steil bergab und wir brauchten nicht mehr klettern. Mit Mühe kamen wir unten an und merkten, dass unsere Kraftreserven stark angegriffen waren. Unsere Körper benötigten unbedingt eine nächtliche Pause, um wieder zu Kräften zu kommen. An einer geeigneten Stelle ruhten wir uns für die nächsten sechs Stunden aus und sammelten wieder neue Kräfte.
Wie in der Nacht zuvor wechselten wir uns jede Stunde ab. Mittlerweile waren wir seit gut und gerne zwei Tagen auf der Flucht. Es war zwar nichts von unseren Verfolgern zu sehen, doch dies war keine Garantie dafür, dass sie nicht hinter uns her waren.

Wenn Sie begriffen, dass wir auf den Weg zur Grenze sind, werden sie genügend Möglichkeiten haben uns einzuholen. Wir waren zu Fuß unterwegs und sie könnten Fahrzeuge

benutzen. Doch selbst die FARC konnte nicht ungehindert nach uns suchen und schon gar nicht in einem Gebiet wo sie nichts mehr zu sagen hatten. Fraglich ist natürlich ob sie Unterstützung von der Regierung bekommen hätten, immerhin waren die Entführer von der FARC und normalerweise unterstützte die Regierung diese Organisation nicht. Andererseits sank in dieser Gegend bekanntlich der Diensteifer bei Polizeipatrouillen mit der Temperatur.
Polizei und Militär waren käuflich, überall wurde geschmiert. Wir hatten also auch eine gute Chance unbehelligt das Land zu verlassen. Ich hatte zwei Stunden geschlafen, als ich die dritte Wacheinheit übernahm. Ich suchte mir sogleich eine günstige Ausgangsposition, um die Umgebung soweit es ging zu überblicken. Es war fast stockdunkel und doch bekam ich viel von dem mit was im Dschungel so passiert. Es war eine Dunkelheit die mir jetzt nicht mehr ungewiss und unbekannt erschien, sondern mir etwas enthüllte, das ich zuvor nicht kannte. Es war fast so als wollte der Dschungel mit mir kommunizieren. Trotz der Situation in der wir uns befanden, hatte der Urwald etwas Faszinierendes, wenn nicht gar Schönes an sich. Jegliches Geschehen in dieser unendlichen, grünen Wildnis wurde mir mehr und mehr vertraut.

Auf einmal sah ich, wie eine ungefähr 2 Meter lange Buschmeister aus der Dunkelheit des Dschungels auftauchte und sich über meinen Gewehrschaft schlingerte. Mittlerweile war sie viel zu nah, als dass ich die Giftschlange, einer der größten Vipern hätte wegstoßen können. Selbst eine schnelle Bewegung meiner rechten Hand, um den Auslöser meines Stiletts zu aktivieren und um damit die Giftschlange zu töten, wäre eindeutig zu langsam gewesen. Somit verhielt ich mich vollkommen still und rührte keinen Finger mehr.

Im leichten Licht des Mondes schillerten ihre Schuppen, als ob der Körper ein Kettenhemd wäre. Während sie ganz langsam über den Lauf meiner Waffe kroch, konnte ich die rötlichgelben mit einer Längsreihe großer, schwarzbrauner Rauten, in denen sich zwei kleine, hellere Flecke befanden, auf ihrem Rücken genau beobachten. Aus dem Kopf, welcher unregelmäßig schwarzbraun gefleckt war, schimmerten ihre Augen wie eine Onyx-Perle. Ich hielt den Atem an, bis sie wieder in der Dunkelheit des Dschungels verschwunden war, wobei ihr Schwanz, aussah wie der einer Klapperschlange und sich zum Abschied noch einmal über den Schaft meiner Waffe schlängelte. Dieser Anblick brannte sich in mein Gehirn, sodass ich ihn nie vergessen werde. Ich kann von Glück sagen, dass die Schlange es vorzog, mich am Leben zu lassen.

Meine Wache verlief ansonsten ohne besondere Vorkommnisse und so bekam ich dann auch noch etwas Schlaf. Ich wurde eine Stunde früher wach als vorgesehen. Ruhte mich nur aus, nahm aber weiterhin alles um mich herum wahr. Ich fühlte mich irgendwie entspannt, doch meine Sinne registrierten jedes Geräusch und jeden Geruch. Ich war in einem Zustand erhöhter Aufmerksamkeit und geschärfter Wachsamkeit. Nichts war unwesentlich, nichts durfte übersehen oder überhört werden. Niemand konnte sicher wissen, wann plötzlich etwas Unerwartetes von tödlicher Relevanz eintreten könnte. Das Licht der Nacht verblasste und der Mond verschwand. Es war alles ruhig als wir uns im Schutz der schwindenden Dunkelheit wieder auf den Weg machten. Es war so gegen 17.00 Uhr nachmittags, als weiter vorne langsam ein Übergang von üppigem Dschungel zu lichteren Wald sichtbar wurde. Nicht mehr weit und wir erblickten in der Ferne freie Flächen. Das Ende des Dschungels nahte.

Laut GPS Koordinaten hatten wir es auch nicht mehr weit bis zur Grenze.
Wir sahen unverwandt nach vorne. Unsere Gesichter verrieten doch keine Regung, was in unseren Köpfen vorging. Als wir am Rande des Dschungels ankamen und ihn endlich hinter uns gelassen hatten, sahen wir eine neue Schwierigkeit auf uns zukommen. Offenes Gelände und eine weite Hügellandschaft. Die Zivilisation hatte uns wieder. Dies war nun die letzte Etappe. Am Tag konnten wir durch diese Gegend nicht weiter in Richtung Grenze vordringen.
Zu hoch war die Gefahr, dass wir am Ende doch noch entdeckt werden. Uns blieb nichts anderes übrig, als auf die Dunkelheit zu warten um unseren Weg fortsetzen zu können. Sobald es dunkel war, machten wir uns auf den Weg. Vorerst wollten wir uns ausruhen. Am Rande der Lichtung gingen wir in Deckung. Im Stundentakt wechselten wir uns ab, die Wache zu übernehmen.

Es war nun ca. 22.00 Uhr als es weiter ging. Zuvor suchten unsere drei Scharfschützen mit ihrem Infrarot Nachtsicht Zielfernrohr die Gegend nach etwas Auffälligem ab. Weit und breit der Strecke entlang die wir uns ausgesucht hatten war nichts zu sehen. In geduckter Haltung und schnellen Schrittes marschierten wir der Freiheit entgegen. Ich drehte mich ein letztes Mal und ließ meinen Blick noch einmal über die grüne Wand des Dschungels schweifen Ich fühlte instinktiv, hierher bringen mich keine zehn Pferde mehr. Immer wieder blieben wir stehen und horchten in die Nacht hinein und die drei anderen suchten weiter nach möglichen Feinden oder eventuellen Hinterhalten. Die Zeit verrann und wir kamen schnell voran. Vor uns tat sich ein kleines Waldgebiet auf durch das wir mussten. Wieder ging es etwas langsamer voran. Am Ende des Waldes sahen wir eine Straße.
Im Schutze der Bäume warteten wir ab.

Die Geräuschkulisse hatte sich verändert und Tom riet in Deckung zu bleiben. Es dauerte auch nicht lange und schon fuhr ein Militär LKW mit 10 Mann Besatzung an uns vorbei. Sie waren wohl auf dem Weg zum Grenzposten. Oder suchten sie uns und wollten uns den Weg abschneiden? Langsam wurde es wieder hell und wir mussten unbedingt noch vor Sonnenaufgang über die Grenze gekommen sein. Wir gingen davon aus, dass der LKW mit seiner Besatzung zur Grenze fuhr. Es blieb uns nichts anderes übrig als einen sogenannten grünen Übergang zu wählen. Geschützt durch die Landschaft versuchten wir unser Glück. Immer auf der Hut nicht doch noch von einer Grenzpatrouille entdeckt zu werden. Laut GPS und Karte waren es nur noch wenige Kilometer. Es war 6.00 Uhr in der Früh, als wir es endlich geschafft hatten.

Mittlerweile waren wir über die Grenze hinaus, etwas weiter ins Landesinneren vorgedrungen. Nahe einer kleinen Stadt ruhten wir uns erst einmal etwas aus. Nun, da wir wussten wo genau wir waren, nahm ich das Satellitentelefon zur Hand und rief Steve an. Steve war außer sich vor Freude und schrie gleich ins Telefon: „Was ihr lebt, wo seid ihr?" Ich unterbrach seinen Redefluss. „Steve wir sind in Brasilien und brauchen dringend Hilfe um nach São Paulo zurück zu kommen". Steve antwortete darauf und sagte: „Ich rufe gleich mal den Geier an, der soll sich was einfallen lassen, ruft mich in 20 Minuten nochmals zurück, dann weiß ich garantiert mehr". Das Gespräch war somit beendet und ich drehte mich zu den anderen um. „Auf Steve ist Verlass, er hat einen direkten Draht zum Geier". Damit war alles gesagt. Es lag nicht allein am Glück, dass wir nicht nur das Grenzgebiet hinter uns gelassen hatten, sondern den ganzen Weg zurück geschafft hatten, ohne wirklichen Schaden erlitten zu haben. Es lag daran, dass wir nie aus dem Blick verloren, wie leicht etwas daneben gehen könnte.

Es war zum anderen unsere verbissene Entschlossenheit, die Chancen ständig zu unseren Gunsten zu beeinflussen. Wir hatten versucht keine Einzelheit zu übersehen, mussten für jedes nur denkbare Problem, in unserer Situation, eine Lösung zur Hand haben, dazu eine Alternative zur Lösung. Und genau aus diesem Grund standen wir nun hier in der angenehmen Wärme der Sonne, die vom wolkenlosen Himmel herabschien.

Wir näherten uns weiter der kleinen Ortschaft. Die Hauptstraße war gesät mit Privat- und Geschäftshäusern. In der Straße tobte schon in der Früh das normale Leben. Es herrschte Ruhe und Frieden. Genau das Gegenteil von dem was wir hinter uns gelassen hatten. Und doch mussten wir vorsichtig sein.
Die anhaltende Wachsamkeit war ermüdend, ständiges Misstrauen belastend, ein Stress, der uns allmählich auf die Nerven ging, sodass wir uns vorkamen als säßen wir auf einem Schleifstein. Unsere Lage war nicht erfreulich.
Sechs fremde Männer in einer Ortschaft nahe der Grenze und dann noch in Tarnanzügen und jeder schwer bewaffnet.
Zu unserer eigenen Sicherheit und um kein unnötiges Aufsehen zu erregen, wagten wir es nicht in die Ortschaft zu gehen. Dann war endlich die Zeit um und ich rief Steve noch einmal an. Er war so gleich am Telefon und fing sofort an zu reden. „Hey Chris, der Geier lässt euch alle grüßen.
Ihr werdet in ca. 2 - 3 Stunden von einem schwarzen Van vor der Ortschaft abgeholt und zum Flughafen gebracht. Von dort aus geht es direkt nach São Paulo zurück. Wir sehen uns".
Mit diesen Worten legte er auch schon auf. Als ich es den anderen mitteilte, wurden ihre Gesichter etwas entspannter. Nichts desto trotz zogen wir uns etwas zurück und versuchten nicht weiter aufzufallen. Doch mancher Bewohner sah uns an, als wären wir Geister, oder hätten vor die Ortschaft zu überfallen.

Wir hielten lieber unsere Waffen verdeckt, wuschen unsere Gesichter mit dem restlichen Trinkwasser, damit die Tarnfarbe daraus verschwand und ruhten uns aus.
Der Anblick der mir nun geboten wurde von meinen Freunden, denn das waren wir ohne Zweifel, war ziemlich emotional. Auf einmal kam es mir in den Sinn, dass Mathis immer und überall über uns gewacht hatte, wie eine Henne über ihre Küken. "Wir haben es geschafft, Chris ", sagte Mathis schließlich. "Ja. Wir haben es geschafft".
"Du warst ziemlich gut", sagte Mathis plötzlich.
Kein Lob, das ich jemals in meinem Leben erhalten hatte hat mich mehr berührt wie in diesen Augenblick. Wusste ich doch genau das es nicht mein Verdienst war das wir nun hier sind. Im Gegensatz zu ihnen war ich doch nur ein Anfänger in diesem Business und sie die Profis. Ich konnte ihm meinen Dank nur noch durch ein Nicken ausdrücken. Am liebsten hätte ich angefangen zu heulen.
Wir schwiegen eine Weile, und der Adrenalin-Kater traf mich jetzt wie ein Hammer. Die Anstrengung der letzten Tage war enorm und in diesem Augenblick wusste ich was ich zu tun hatte. Völlig klar sah ich es vor meinem geistigen Auge und traf die für mich richtige Entscheidung.
Nach über zwei Stunden sahen wir aus der Ferne einen schwarzen Van ohne Seitenscheiben auf uns zukommen. Dann hielt das Fahrzeug auch schon neben uns an. Am Lenkrad saß eine junge Frau, etwa Mitte zwanzig, mittelgroß und schlank. Ihr ungeschminktes Gesicht war blass und sehr ernst. Ihr langes nachtschwarzes Haar fiel in einen leichten Schwung über ihre linke Stirnhälfte und sollte wohl eine tiefe Narbe dort verdecken. „Hallo ich bin Consuela, steigt ein", sagte sie mit einer tiefen und leisen Stimme. Wir stiegen alle über die Seitenladetür ins Innere des Fahrzeugs ein. „Sorry es hat etwas länger gedauert, musste noch einiges besorgen. Meine Aufgabe ist es, euch zum Flughafen zu fahren.

Dort angekommen wartet eine kleine Transportmaschine, welche direkt nach São Paulo fliegt. Hinten liegen sechs neutrale Overalls. Zieht diese nun an und verstaut die Waffen in den Taschen. Ihr werdet zwar nicht am Flughafen kontrolliert, aber es gibt die Anweisung jedes Aufsehen zu vermeiden".

Während der Fahrt wurde kein Wort gesprochen, wir waren erschöpft und froh, dass alles gut verlaufen ist und das wir nun auf dem Heimweg sind. Am Flughafen angekommen fuhren wir gleich zu einem Hanger, in dem unsere Maschine auf uns wartete. Wie angekündigt gab es keine Kontrollen und somit konnten wir ungehindert mit all den Waffen ins Flugzeug steigen. Der Flug würde nun einige Stunden dauern.
Somit nahm ein jeder die Gelegenheit wahr und holte einige Stunden erholsamen Schlaf nach.
In São Paulo landete die Maschine auf dem privaten Flugplatz von dem wir immer zu den Einsätzen starteten.
Als wir ausgestiegen waren fuhr sogleich ein Transportfahrzeug vor und ließ uns einsteigen. Es ging nun auf direktem Weg in die Zentrale. Man wollte uns sofort sehen und lies uns nicht die Zeit mehr für kultivierende Maßnahmen wie zu duschen. Als wir vor dem Haus der Agentur ankamen gingen wir schnurstracks in die Kommandozentrale in der dritten Etage.
Das Sicherheitspersonal am Empfang schaute uns verwundert an und ließ uns problemlos passieren. Das Büro war mit allen wichtigen Personen die für diesen Einsatz tätig waren besetzt. Goldmann, der Geier, Mister X und die drei vom taktischen Analyseteam. Wir betraten hintereinander den Raum.
Mein Blick wanderte von einem zum anderen und ich beobachtete ihre Reaktionen. Doch nichts war wirklich in ihren Gesichtern zu sehen. Und dann sah ich ihn, inmitten des Raumes hinter dem großen Tisch stehen.

Er trat sichtlich nervös vom Tisch zurück und sah uns mit falscher Freude im Gesicht an, als sich unsere Blicke kreuzten und wir im Raum waren.
Ich bemühte mich meine aufsteigende Wut und Missstimmung unter Kontrolle zu halten. Bemühte mich innerlich zur Ruhe zu kommen, ehe ich etwas Übereiltes und Dummes tat.
Leider ist es einer meiner negativen Eigenschaften, dass ich sehr rachsüchtig bin, ich bin halt ein Skorpion im Sternzeichen. Und deshalb wollte ich unbedingt wissen wer den Befehl gab uns zurück- bzw. im Stich zu lassen. Obwohl ich es mir denken konnte, es regelrecht wusste, wollte ich dem Kerl in die Augen sehen, wenn er es mir selbst sagte. Wollte seine Angst sehen, welche in seinem Gesicht zu sehen ist, weil er nicht wusste was nun passieren wird.

Im nächsten Augenblick sah ich in die Runde und fragte drohend: „Welches Schwein gab diesen Scheiß-Befehl?"
Die Atmosphäre im Raum knisterte, eine unweigerlich wahrnehmbare Spannung lag in der Luft. Auf einmal herrschte hektisches Treiben und so mancher Blick ging zu Goldmann. Meine Augen wanderten provozierend zu Goldmann und blieben auf ihm haften. Er wirkte angespannt und holte nervös Luft. Ich fixierte ihn kalt mit den Augen und meine Gedanken bestanden nur aus Rache. Da stand er nun vor mir und jeder sah einen Anflug von Furcht in seinen Augen. Sofort fing er an sich damit heraus zu reden, dass der Hubschrauber nicht genug Platz gehabt hätte, nachdem wir entschieden hatten, alle Personen mitzunehmen. Immerhin hätten wir direkte Befehle missachtet. Es sei unsere Schuld gewesen das es so weit gekommen ist. Außerdem wären wir ja gut genug ausgebildet um mit solchen Unannehmlichkeiten zurecht zu kommen, wie man ja sieht. Des Weiteren würden wir ja auch gut bezahlt werden und in solchen Situationen kann es schon mal vorkommen, dass der eine oder andere Federn lassen muss.

Wir sollten das Ganze nicht über dramatisieren. Das ist halt das Risiko in diesem Job und das wussten wir ja vorher. Doch nun sei er froh, dass wir alle gesund und munter wieder hier sind.
Mister X, der die ganze Zeit still beobachtend neben Goldmann stand, verfolgte unser Streitgespräch mit ersichtlicher Gleichgültigkeit. Nichts an ihm verriet was er dabei dachte oder wirklich empfand. Doch verfolgte man mit einem Blick seinem rechten Arm abwärts, konnte man seine Hand locker über seinen rechten Waffenholster hängen sehen, in dem immer eine Automatik vorhanden war.
Der Geier neben ihm sah mir ins Gesicht und in seinen Augen konnte man sehen das er mit der Entscheidung nichts zu tun hatte. Etwas Traurigkeit war in seinem Gesicht zu lesen, es tat ihm offensichtlich leid.
Nach dieser Ansprache von Goldmann kam mir fast das Kotzen. In mir tobte eine Wut, die ich nur schwer zügeln konnte. Ich wollte sofort meine Rache. Es war wie ein Schrei nach Vergeltung der nie enden wollte. Am liebsten hätte ich mein Schwert vom Rücken gezogen und aus ihm Kleinholz gemacht. Ich merkte, dass ich innerlich mit mir im Zwiespalt war und das die widerstreitenden Bereiche meiner Vorstellungskraft so manche Debatte in meinem Inneren auslöste und versuchte, zwischen den wildesten Horror-Szenarien einen für mich passenden Mittelweg zu finden. Doch als ich in die Runde sah, konnte ich es fast schon körperlich spüren. Hier werde ich sterben, wenn ich es unbedingt drauf anlege. Aus persönlichen Erfahrungen wusste ich solche Impulse lieber zu unterdrücken, trotz alldem was passiert war. Mike stand hinter mir und legte mir seine Hand auf die Schulter und sagte nur ein Wort. „Chris", diese kleine Geste besänftigte mich etwas und ich wusste, dass ich es hier und heute nicht tun werde.

Innerlich hatte ich den Entschluss schon geschlossen dass ich es später nachholen werde, wenn es eine bessere Gelegenheit dafür gibt und ich auch mit dem Leben davon kommen könnte. Und trotzdem musste ich aber irgendetwas tun, um meine Gefühle von dem zu lösen was geschehen war. Ich blickte ihm tief in die Augen und sagte mit aller Verachtung die ich aufbringen konnte: „Ich bin fertig mit Ihnen. Es wird der Tag kommen, da werden sie von diesen Schweinerein noch hören, die hier stattfinden." Mit diesen Worten drehte ich mich um und wollte meiner Wege gehen. Doch Goldmann schrie mir hinterher: „Warten Sie Chris. Das würde ich nicht tun an ihrer Stelle. Das geht nach hinten los. Manche Geschichten sind zu wahr um sie zu verbreiten." Die Stimme von Goldmann hallte durch den Büroraum. Der Unterton in seiner Stimme klang wie die Dampfpfeife eines Zuges, der durch eine dunkle, einsame Landschaft raste. Bosheit und Zynismus vermengten sich darin auf eine gefährlich giftige Weise. Ich blieb stehen, drehte mich provokativ langsam zu ihm um, schaute ihm in die Augen und erwiderte dann völlig emotionslos: „Fuck you, ich bin doch schon längst tot, was könntest du mir da noch antun? Doch wir beide sehen uns eines Tages wieder", fügte ich lächelnd noch dazu. Goldmann zuckte zurück, sein Gesicht wurde totenblass und seine Hände fingen leicht an zu zittern, als wäre ihm gerade kalt geworden. Fassungslos starrte er mich an und fragte mit Wut in der Stimme: „Willst du mir etwa drohen?" „Nein" erwiderte ich mit einem Lächeln im Gesicht, welches selbst den Fährmann hätte erfrieren lassen können. „Dies ist eine Tatsache. Jeder bekommt das was er verdient hat und ab und an helfe ich halt ein wenig nach."

Niemand sagte etwas, jeder hatte meine Worte vernommen und jeder der mich kannte wusste was das bedeuten würde. Es herrschte nur noch betroffenes Schweigen.

Mit diesen Worten drehte ich mich um und ging langsam nach draußen in den Hausflur. Meine Kollegen folgten mir dort hin. Igor war der erste der etwas sagte. „Chris, sei mir nicht böse aber ich bleibe hier. Wir sind Schachfiguren, verstehst du? Wir sind alle hier nur Schachfiguren. Wozu taugen wir denn sonst? Womit sollten wir sonst unseren Lebensunterhalt verdienen?" Dann zuckte er mit den Schultern als wollte er damit sagen, ich habe keine andere Wahl. Ich konnte ihn verstehen. Müsste doch nicht mein Weg der seine sein. Dann verabschiedete ich mich von Ihnen und ging endgültig. Wir versprachen einander in Kontakt zu bleiben.
Ich hatte mit ihnen Blut und Wasser geschwitzt und wollte den Kontakt zu ihnen unbedingt aufrechterhalten. Freundschaften die unter solchen Umständen geschlossen werden halten ewig. Tom war der zweite, der meinem Beispiel folgte und kündigte.

Ich nahm mir ein Taxi, lies mich in die Sitze zurück sinken und fuhr auf direktem Weg zur Villa, um meine wenigen Sachen zu holen die ich brauchte. Als ich im Taxi war merkte ich, dass meine Hände leicht zitterten. Die Ereignisse dieses Vormittags schwirrten mir immer noch im Kopf herum. Die Luft war jetzt endgültig raus und ich fühlte mich plötzlich schwach. Ich glaube, ich sah immer noch ziemlich angefressen aus. Gefährlich angefressen. Als ich mir des Blickes vom Taxifahrer über den Rückspiegel bewusst wurde, fiel mir auf wie beschissen ich aussehen und riechen musste nach all den strapaziösen Tagen. Zurück in der Villa nahm ich eine Dusche und schrubbte mir die Tarnfarbe hinter den Ohren weg. Ich war nun todmüde und wollte nur noch schlafen. Doch wie es halt manchmal ist, der Körper schreit nach Ruhe doch der Geist ist hell wach. Zu viele Gedanken beschäftigten mich noch eine Zeit lang. Mir war klar, dass ich nun nach diesem Auftritt keinen Job mehr hatte und auch keinen mehr kriegen würde.

Also hält mich hier nicht mehr viel in diesem Land.
Was ich auch hier gesucht haben mochte, ich fand jedenfalls heraus, dass dies ein mieser Krieg - skrupellose Geschäftemacherei ist. Keine Heldengeschichten wie ich es mir ausgemalt hatte. Kein Begrüßungskomitee mit Musik das die Herzen schneller schlagen lässt. Sondern nur die nackte Gier des Geldes.
Rückblickend auf meine Lebensereignisse kam mir folgender Gedanke: Manchmal setzt einem das Leben merkwürdige Wiederholungen aus. Vielleicht bilden wir uns ein, dass wir das gerade Erlebte schon einmal erlebt haben, vor so langer Zeit, dass wir uns nicht an die Zusammenhänge erinnern können. Plötzlich fühlte ich mich ausgelaugt und innerlich traurig. Hatte irgendwie das Gefühl, das alles umsonst war, was ich in den letzten Jahren getan hatte.
Doch war es das wirklich? Was für ein scheiß Leben, dachte ich.
Versuchte mich dann damit zu trösten, in dem ich mich an so manches Gesicht zurück erinnerte. Gesichter von den Menschen die nun wieder frei sind. Dies ist wohl dann mein Lohn für die ganze Scheiße, redete ich mir ein. Aber das Gefühl - ein bitterer Nachgeschmack blieb trotzdem zurück. Dieses Geschäft mit dem Leben, würde nie aufhören, das wusste ich. Denn es geht einfach um viel Geld.
Ich selbst habe ja meinen Teil dazu beigetragen, dass es funktioniert. Doch sind es Menschen wie Miguel die dann dafür wirklich bezahlen müssen. Ich war der Meinung gewesen, das wir (ich) das Richtige taten, auch wenn die Durchführung etwas zweifelhaft war. Doch nun wusste ich, dass dies nicht mehr mein Weg sein wird und sein kann. Trotz allem blieb ich noch vier Wochen in Brasilien.

Am nächsten Morgen nachdem ich ausgiebig geduscht hatte, packte ich all meine Habseligkeiten zusammen.

Dann machte ich einen Rundgang durch die Villa und verabschiedete mich von der Familie für die ich gearbeitet hatte. Dann zum Schluss von meinen Kollegen. Sie wünschten mir viel Glück und kehrten zur Tagesordnung zurück und weg war ich.

Vor der Villa wartete schon ein Taxi auf mich. Ich wusste wo ich für die nächste Zeit unterkommen konnte. Als ich dann auf der Rückbank saß, fühlte ich mich irgendwie wie betäubt. Auf einmal wurde mir das ganze Gewicht meiner Entscheidung erdrückend bewusst.

Ich fühlte mich wie ein Mensch, der etwas Wichtiges verloren hatte. Die Erkenntnis, dass ich jetzt nicht mehr diesen Job machen könnte, war niederschmetternd. All die Zeit, all die Energie die ich aufgebracht hatte um dort hinzugelangen wo ich war, sollten doch nicht umsonst gewesen sein. Auf der Fahrt liefen mir Tränen über das Gesicht. Und ich dachte an Miguel zurück. Annehmbare Verluste mussten hingenommen werden. Daran führte kein Weg vorbei. Deshalb war der Tod meines Freundes annehmbar, weil er im Rahmen seines Auftrages gestorben war und anderen das Leben gerettet hat. Trotzdem kann man die schlimmen Zeiten nicht ewig von sich fern halten. Früher oder später kommt das in der Form, die am meisten schmerzt. Einige Zeit später erfuhr ich von Igor, dass Goldmann nach einer Woche abgesetzt wurde. Seine Vorgehensweise wurde von oben wohl nicht toleriert.

Weitere zwei Wochen später, wurde Goldmann in seiner Villa im Pool von einem Pfeil einer Armbrust tödlich getroffen aufgefunden. Nachdem ich das erfuhr war es an der Zeit das Land zu verlassen.

Manchmal findet man sein Schicksal auf Wegen, auf denen man dachte, ihm zu entgehen.

Nachtrag: Wer waren wir?

Wir waren eine Sammlung von Charakteren, wie sie normalerweise nur in der Fantasie eines Drehbuchautors vorkommt. Und durch das, was wir taten, dadurch, dass wir aufeinander angewiesen waren, wurden wir gute Freunde. Wir gaben einander Halt und konnten uns blindlinks in den angespanntesten Situationen aufeinander verlassen. Ein wirklich wilder Haufen, Draufgänger die immer bereit waren alles zugeben, bis zum Schluss. Burschen, die zu allem Möglichen fähig waren und sich rücksichtslos über Recht und Gesetz des jeweiligen Landes im welchen wir operierten hinwegsetzten.
Vor einiger Zeit ist der Vorletzte der Einheit gestorben. Manch einer war noch im Beruf und kam dabei um. Zwei von ihnen wurden auf offener Straße erschossen. Ich bin nun mit der letzte von Ihnen und in Gedanken an sechs tolle Typen, wahre Freunde schreibe ich dies unter anderem hier nieder. Manch einer wird sagen wir waren nur Söldner - stimmt wohl, andere sagen wir waren Helden - stimmt vielleicht auch.
Beides mag zutreffen, kommt auf die Sichtweise an, die man vertritt. Doch ich sehe es so, wir waren Männer die einen Weg gingen, welchen nicht jeder bereit war zu gehen. Wir glaubten an das Gute, in dem was wir taten. Jeder von uns hatte seine Beweggründe - Motive um diesen Job auszuüben, deren Maßnahmen notwendig waren. Ich wusste auch, dass diese Maßnahmen wirkten, fürchtete aber im Gegenzug, dass die Mentalität, welche man dabei entwickeln könnte, hässlich und gefährlich ist und einen dementsprechend beeinflusst.
Wer mit solchen Missionen beauftragt wird, kommt in Kontakt mit den düstersten Seiten der menschlichen Existenz. Zum Schutz umgibt man sich innerlich mit einem Schutzwall.
Eine Gewissheit gibt es in diesem Leben: Das Böse gibt es immer und überall.

Der Tod mag uns alle irgendwann holen. Doch wer allzu lange bei dieser Tätigkeit bleibt, fällt am Ende entweder der eigenen Nachlässigkeit oder einem Unfall oder dem Feind zum Opfer. Und der Fährmann freut sich, dass er einen nun endlich holen kann.

Quellennachweis:

- Naussau Versicherung
- Allianz Global Corporate & Speciality (AGCS), der zur Allianz-Gruppe
- HDI Gerling
- AIG oder Chubb USA
- Kidnap & Ransom by Hiscox
- Aon Crisis Management
- Result Group GmbH
- Olive Group
- Aegis
- Control Risks
- SCR Special Contingency Risk
- Henderson
- Hiscox
- Inkerman
- eTN Global Travel Industry News
- https://de.sputniknews.com
- http://www.krisennavigator.at
- http://www.sicherheitsmelder.de
- https://uruguay-magazin.com
-
- Zeichnungen: M.Nusshold